POLÍTICAS ANTICÍCLICAS E PROGRE$$O ECONÔMICO

— Nilo Alberto Barroso —

— Omar Barroso Khodr —

POLÍTICAS ANTICÍCLICAS E PROGRE$$O ECONÔMICO

A Experiência Brasileira

ALTA BOOKS
GRUPO EDITORIAL

Rio de Janeiro, 2023

Políticas Anticíclicas e Progresso Econômico

Copyright © 2023 da Starlin Alta Editora e Consultoria Eireli.
ISBN: 978-85-508-1787-3

Impresso no Brasil — 1ª Edição, 2023 — Edição revisada conforme o Acordo Ortográfico da Língua Portuguesa de 2009.

Todos os direitos estão reservados e protegidos por Lei. Nenhuma parte deste livro, sem autorização prévia por escrito da editora, poderá ser reproduzida ou transmitida. A violação dos Direitos Autorais é crime estabelecido na Lei nº 9.610/98 e com punição de acordo com o artigo 184 do Código Penal.

A editora não se responsabiliza pelo conteúdo da obra, formulada exclusivamente pelo(s) autor(es).

Marcas Registradas: Todos os termos mencionados e reconhecidos como Marca Registrada e/ou Comercial são de responsabilidade de seus proprietários. A editora informa não estar associada a nenhum produto e/ou fornecedor apresentado no livro.

Erratas e arquivos de apoio: No site da editora relatamos, com a devida correção, qualquer erro encontrado em nossos livros, bem como disponibilizamos arquivos de apoio se aplicáveis à obra em questão.

Acesse o site **www.altabooks.com.br** e procure pelo título do livro desejado para ter acesso às erratas, aos arquivos de apoio e/ou a outros conteúdos aplicáveis à obra.

Suporte Técnico: A obra é comercializada na forma em que está, sem direito a suporte técnico ou orientação pessoal/exclusiva ao leitor.

A editora não se responsabiliza pela manutenção, atualização e idioma dos sites referidos pelos autores nesta obra.

Dados Internacionais de Catalogação na Publicação (CIP) de acordo com ISBD

B277p Barroso, Nilo Alberto
 Políticas Anticíclicas e Progresso Econômico: A Experiência Brasileira / Nilo Alberto Barroso, Omar Barroso Khodr. - Rio de Janeiro : Alta Books, 2023.
 224 p. ; 16cm x 23cm.

 Inclui bibliografia, índice, anexo e apêndice.
 ISBN: 978-85-508-1787-3

 1. Economia. 2. Políticas Anticíclicas. 3. Progresso Econômico. I. Khodr, Omar Barroso. II. Título.

2022-3115
CDD 330
CDU 33

Elaborado por Vagner Rodolfo da Silva - CRB-8/9410

Índice para catálogo sistemático:
1. Economia 330
2. Economia 33

Produção Editorial
Editora Alta Books

Diretor Editorial
Anderson Vieira
anderson.vieira@altabooks.com.br

Editor
José Ruggeri
j.ruggeri@altabooks.com.br

Gerência Comercial
Claudio Lima
claudio@altabooks.com.br

Gerência Marketing
Andréa Guatiello
andrea@altabooks.com.br

Coordenação Comercial
Thiago Biaggi

Coordenação de Eventos
Viviane Paiva
comercial@altabooks.com.br

Coordenação ADM/Finc.
Solange Souza

Direitos Autorais
Raquel Porto
rights@altabooks.com.br

Assistente Editorial
Ana Clara Tambasco

Produtores Editoriais
Illysabelle Trajano
Maria de Lourdes Borges
Paulo Gomes
Thales Silva
Thiê Alves

Equipe Comercial
Adenir Gomes
Ana Carolina Marinho
Daiana Costa
Everson Rodrigo
Fillipe Amorim
Heber Garcia
Kaique Luiz
Luana dos Santos
Maira Conceição

Equipe Editorial
Beatriz de Assis
Betânia Santos
Brenda Rodrigues
Caroline David
Gabriela Paiva
Henrique Waldez
Kelry Oliveira
Marcelli Ferreira
Mariana Portugal
Matheus Mello
Milena Soares

Marketing Editorial
Amanda Mucci
Guilherme Nunes
Jessica Nogueira
Livia Carvalho
Pedro Guimarães
Talissa Araújo
Thiago Brito

Atuaram na edição desta obra:

Revisão Gramatical
Karina Pedron
Smirna Cavalheiro

Diagramação | Layout
Joyce Matos

Capa
Marcelli Ferreira

Editora afiliada à:

ALTA BOOKS
GRUPO EDITORIAL

Rua Viúva Cláudio, 291 — Bairro Industrial do Jacaré
CEP: 20.970-031 — Rio de Janeiro (RJ)
Tels.: (21) 3278-8069 / 3278-8419
www.altabooks.com.br — altabooks@altabooks.com.br
Ouvidoria: ouvidoria@altabooks.com.br

Preito de saudades a Mohamad Khodr

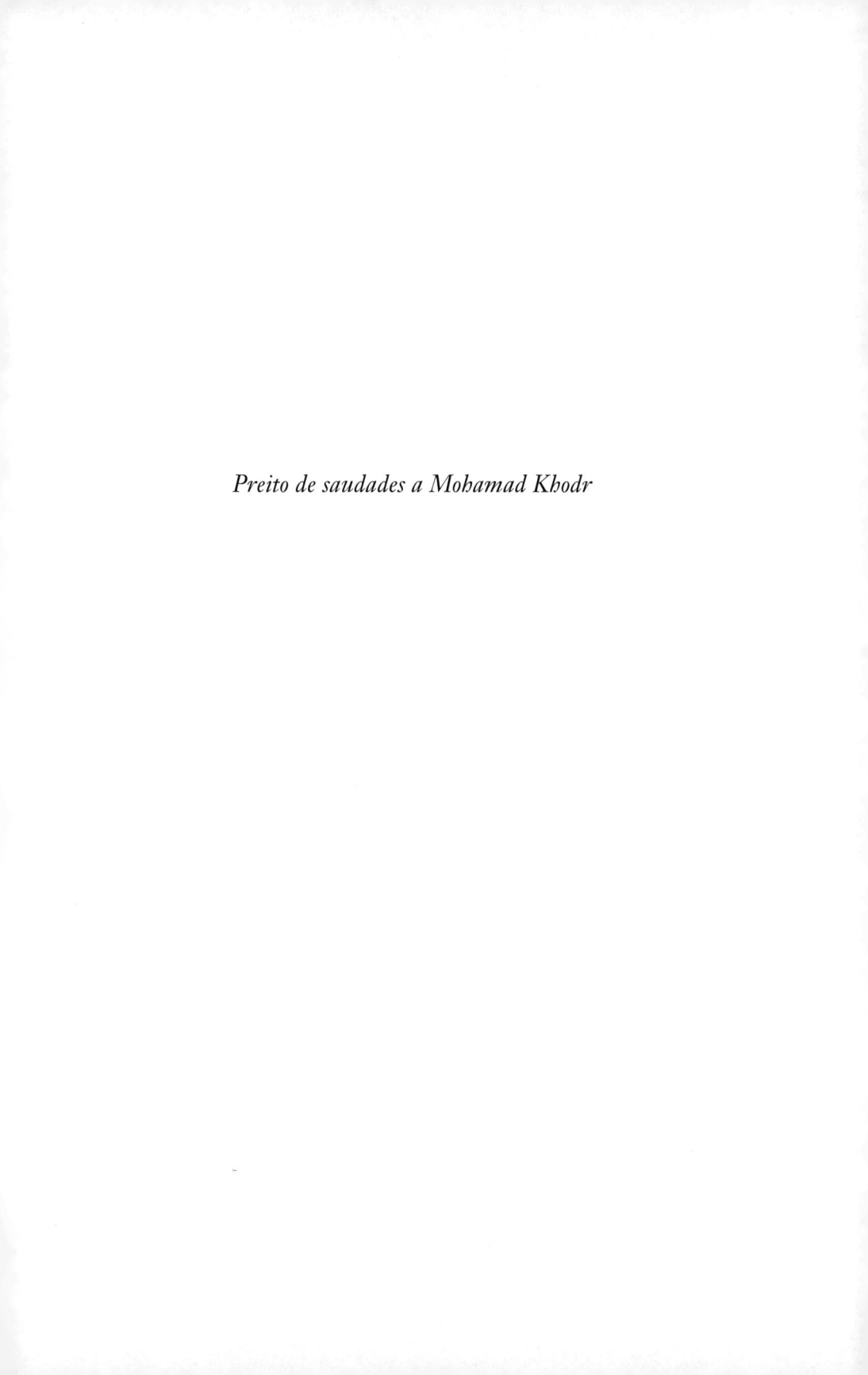

OS AUTORES

Nilo Alberto Barroso, economista, *Magister Scientiae* em Economia Rural. É advogado inscrito na Ordem dos Advogados do Brasil – OAB/DF, escritor e professor universitário. Exerceu cargos de direção e consultoria em vários bancos oficiais, ministérios e na Câmara dos Deputados. Atualmente, escreve artigos sobre economia, política e direito.

Omar Barroso Khodr, bacharel em Jornalismo, MBA em Finanças e Global Banking e mestre em Economia. Foi repórter de economia e política da Bloomberg News. Exerceu a Chefia de Serviços de Estudos de Cartel no Conselho Administrativo de Defesa Econômica (CADE). É autor de ensaios independentes sobre economia, finanças, filosofia, psicologia e matemática.

AGRADECIMENTOS

Os autores agradecem aos que contribuíram para a elaboração deste livro, mediante observações e sugestões relevantes. Em especial, a Maílson Ferreira da Nóbrega, economista, consultor independente, escritor e ex-ministro da Fazenda; ao professor Paulo Roberto Silva, da Faculdade de Economia, Administração, Atuária e Contabilidade da Universidade Federal do Ceará (FEAAC/UFC), engenheiro agrônomo, *Magister Scientae* em Economia Rural e Doctor of Philosophy - Ph.D.; ao ministro Nilo Barroso Neto, escritor e diplomata; a Marcelo Batista Soares Barroso, engenheiro civil e oficial do Exército brasileiro e a Lucas João Batista Barroso, analista de sistema. Somos gratos a J.A. Ruggeri e aos demais membros das equipes da Editora Alta Books pelo excelente trabalho de editoração.

APRESENTAÇÃO

Este livro destina-se aos interessados em assuntos relacionados às crises econômicas e aos problemas de crescimento da economia brasileira. Não é um livro acadêmico, por isso mesmo destituído de conceitos complexos e sem adensamento teórico. O enfoque utilizado cinge-se a examinar os assuntos do ponto de vista da liquidez do sistema econômico nas crises derivadas dos diversos ciclos da atividade econômica, tendo como referencial o comportamento da demanda agregada. Quanto ao progresso econômico, a abordagem é histórica e mostra a necessidade de um projeto nacional de desenvolvimento econômico, tendo em vista que, nos últimos 40 anos, a economia brasileira permaneceu estagnada, o que é inconcebível para uma nação jovem e de grande potencial. Portanto, é inadiável a necessidade de planejamento econômico, sobretudo por ser um imperativo expresso no caput do art. 174 da Constituição Federal, ao estabelecer que seja obrigatório para o setor público e indicativo para o setor privado, com vistas a garantir o desenvolvimento nacional (art. 3°, inciso II, Título I - Dos Princípios Fundamentais da República Federativa do Brasil).

O livro é composto de capítulos curtos que podem ser lidos facilmente, conquanto os assuntos tratados possam ensejar demoradas reflexões sobre a realidade econômica do país. Os Capítulos I a III dão uma visão simplificada sobre o problema econômico, o ambiente macroeconômico e os agregados contábeis macroeconômicos utilizados na mensuração da atividade econômica. Esses assuntos não são novidades para economistas, mas úteis para os estudantes que estão iniciando seus estudos de economia e para os não economistas. O Capítulo IV versa sobre as finanças públicas brasileiras, ensejando uma visão ampla desse campo de atividade. O V trata da moeda, dos bancos, do Sistema Financeiro Nacional e do Sistema da Secretaria do Tesouro Nacional (STN). Todos esses capítulos são indispensáveis à compreensão dos que se seguem. Os Capítulos VI e VII tratam das crises econômicas e das políticas anticíclicas, com informações sobre os diversos instrumentos de política econômica e seu manejo nas recessões e nos períodos inflacionários. A aplicação desse instrumental tem como referência a recessão econômica de 2007/2008 e seus reflexos na economia brasileira, assim como a deflagrada pela crise pandêmica em 2020/2021. O Capítulo VIII faz uma retrospectiva histórica dos fatores relacionados ao progresso econômico, em especial a partir da Revolução Industrial Inglesa e aborda, sucintamente, o desempenho da economia brasileira no passado, em especial no período 1980/2020, caracterizado por desgastante estagnação (a armadilha da renda média). Por isso mesmo, enfatiza a necessidade de um projeto nacional de desenvolvimento econômico em linha com os dispositivos constantes da Constituição Federal de 1988.

Ao final de cada capítulo, teve-se o cuidado de fazer uma síntese e seleção dos assuntos e a indicação dos conceitos mais importantes para quem desejar se aprofundar no assunto.

SUMÁRIO

Sumário dos boxes   xvii

1	O problema econômico	1
2	O ambiente macroeconômico	13
3	Agregados contábeis macroeconômicos	31
4	As finanças públicas brasileiras	49
5	Moeda, bancos e instituições financeiras nacionais	69
6	As crises econômicas	89
7	Políticas anticíclicas	113
8	Progresso econômico (marcos históricos)	141

APÊNDICES E ANEXOS

Apêndice: Variação percentual do produto interno bruto (PIB) 1947/2020   173

Apêndice: Investimento bruto (% do PIB)   179

Apêndice: Poupança nacional bruta (% do PIB)   183

Anexo: População   187

Anexo: Taxas anuais de inflação - IPCA: Variação percentual   191

Bibliografia consultada   193

Índice   197

SUMÁRIO DOS BOXES

A Economia não é uma Ciência Exata	2
A Destruição Criativa de Schumpeter	18
A Teoria é uma Ferramenta Lógica	21
O Multiplicador do Investimento Autônomo	37
Balanço de Pagamentos	40
Paridade do Poder de Compra (PPC)	44
Meios de Pagamentos	73
Balanço Simplificado do Bacen	75
Recessão e Depressão	90
As Bolhas de Mercado	91
Securitização	94
Risco Moral	98

1
O PROBLEMA
ECONÔMICO

O problema econômico caracteriza-se pela escassez de recursos produtivos para atender à procura de bens e serviços essenciais ao bem-estar econômico e social das pessoas. O conceito de escassez é relativo e não absoluto. Um bem pode existir em grande abundância, mas não em quantidade suficiente para contemplar todas as necessidades e desejos. Essa escassez relativa implica a necessidade de escolhas de prioridades em função dos preços relativos de recursos, produtos e serviços.

Portanto, a economia é a ciência que trata da alocação de recursos escassos, entre fins alternativos, para satisfazer as necessidades e os desejos humanos do modo mais satisfatório possível. Definição que inclui as pessoas, as famílias, as empresas, o setor público e o setor externo (resto do mundo), atores que têm a iniciativa das decisões fundamentais sobre o que produzir, como produzir e para quem produzir.

Subjacente a esse conceito de maximização, encontra-se a ideia de que os agentes econômicos pautam suas condutas por escolhas racionais. Importa esclarecer que se trata de racionalidade relativa, porque os seres humanos se movem entre o instinto, a razão e os condicionantes impostos pelas leis, costumes e regras sociais. Por isso mesmo, a economia é uma ciência social e não exata, embora possa se valer de modelos econométricos para analisar os fatos econômicos, a fim de orientar as decisões econômicas e políticas.

A ECONOMIA NÃO É UMA CIÊNCIA EXATA

A Economia não é uma ciência exata. Não podemos prever com precisão o rendimento nacional no próximo ano, tal como os meteorologistas não podem prever o estado do tempo da próxima semana com tanta precisão como o fazem para depois de amanhã. Mas nenhum banco ou grande empresa pode ser tão imprudente que vá consultar astrólogos em vez de especialistas em economia ou tentem adivinhar atirando moedas ao ar. (SAMUELSON, P.; NORDHAUS, W. D. *Economia*. 14. ed. São Paulo: McGraw-Hill, 1993)

Microeconomia e Macroeconomia

Grosso modo, a Economia abrange dois grandes ramos de análise: a Microeconomia e a Macroeconomia.

A Microeconomia estuda o comportamento dos consumidores e empresários nos diferentes mercados através da teoria do consumidor, da teoria da firma e da produção e dos diferentes tipos de concorrência: concorrência perfeita, concorrência monopolista, oligopólios e monopólios. Seu objetivo principal é analisar como o consumidor procura maximizar sua satisfação, como as empresas procuram maximizar seus lucros e como o capitalista tenta maximizar sua renda. Seu campo constitui o ramo da economia positiva. Evita emitir juízo de valor sobre o que deveria ser. Ocupa-se apenas com o que está sendo objeto de análise, o que é.

A Macroeconomia analisa os grandes agregados econômicos: o produto e a renda nacionais; o consumo das famílias e das empresas; os gastos do setor público, os investimentos públicos e privados; a recessão, a inflação e o nível de emprego; o resultado líquido das exportações/importações e das remessas de lucros e dividendos dos residentes para o exterior e dos não residentes para seus países de origem. Analisa, também, os ciclos econômicos, as políticas anticíclicas e as causas do progresso econômico. Em síntese, estuda a economia como um todo. Seu campo constitui a economia normativa, porque trabalha com julgamentos de valor. Trata do que está acontecendo numa determinada economia e o que deveria ser (juízo de valor). Está sujeita, portanto, a amplo grau de discricionariedade política.

O que produzir, como produzir, quando produzir e para quem produzir

Qualquer que seja a organização política, econômica e social de um país, sempre haverá os seguintes problemas básicos a resolver: o que produzir, como produzir, quando produzir e para quem produzir. Esses problemas numa economia capitalista são resolvidos, direta e indiretamente, pelas forças de mercado. No âmbito das políticas públicas, os problemas a decidir são: o que fazer, como fazer, quando fazer e para quem fazer, questões que dependem das escolhas públicas determinadas pelas forças político-partidárias no poder.

Em nível da empresa, o que produzir depende da sinalização dos mercados, indicando os bens e serviços mais demandados pelos consumidores. Se a economia estiver operando a pleno emprego dos recursos produtivos, só é possível expandir a produção de determinada quantidade de um bem se for produzido menos de outro bem. Aquém desse limite, é possível produzir mais de ambos os bens. Como produzir envolve decisões de ordem tecnológica e da relação de custo-benefício. Para quem produzir, depende do poder de compra dos consumidores: compra mais ou menos de um bem ou serviço quem tiver maior ou menor poder aquisitivo. Não adianta ter o desejo de adquirir um bem, se a pessoa não tiver poder aquisitivo para tanto.

Um exemplo das decisões sobre as possibilidades de produção pode ser visualizado com base na Tabela 1.1 e na curva AF da Figura 1.2, as quais retratam, hipoteticamente, um determinado país que produz apenas dois bens, simplificação que sintetiza os reais problemas enfrentados por qualquer país por mais rico que seja.

TABELA 1.1 - POSSIBILIDADES DE PRODUÇÃO E TAXAS MARGINAIS DE PRODUÇÃO

VINHOS (Y_1)	QUEIJOS (Y_2)	$\Delta Y1/\Delta Y2$
A. 0	30	-
B. 2	29	2,0
C. 5	26	1,0
D. 9	20	0,66
E. 11	12	0,25
F. 12	0	0,00
G. 13	0	0,00

(**FONTE**: BARROSO E KHODR, 2022)

Nessa hipotética economia, considerado o pressuposto de plena utilização dos recursos produtivos, as possibilidades extremas de produção de vinhos e queijos estão assim representadas: na combinação "A", se produzir 30 unidades de queijos não se produzirá nenhuma unidade de vinho. Na combinação "F", se produzir 12 unidades de vinhos não se produzirá nada de queijos. Entre esses extremos, há diversas possibilidades intermediárias de produção. Por exemplo, em "C", a economia estará produzindo 5 unidades de vinhos e 26 de queijos. Observa-se que entre "B" e "C", para produzir mais 3 unidades de vinhos foram sacrificadas 3 unidades de queijos. Essa relação de substituição ocorre em todas as demais possibilidades intermediárias: ao se produzir mais de um bem, necessariamente se produzirá menos de outro, obviamente se a economia estiver operando a plena capacidade de produção. Essa é a regra geral, condição imposta pela escassez relativa dos recursos produtivos. As relações de substituição entre as possibilidades de produção denominam-se taxas marginais de substituição. A combinação ótima depende da mais vantajosa em termos de custo-benefício.

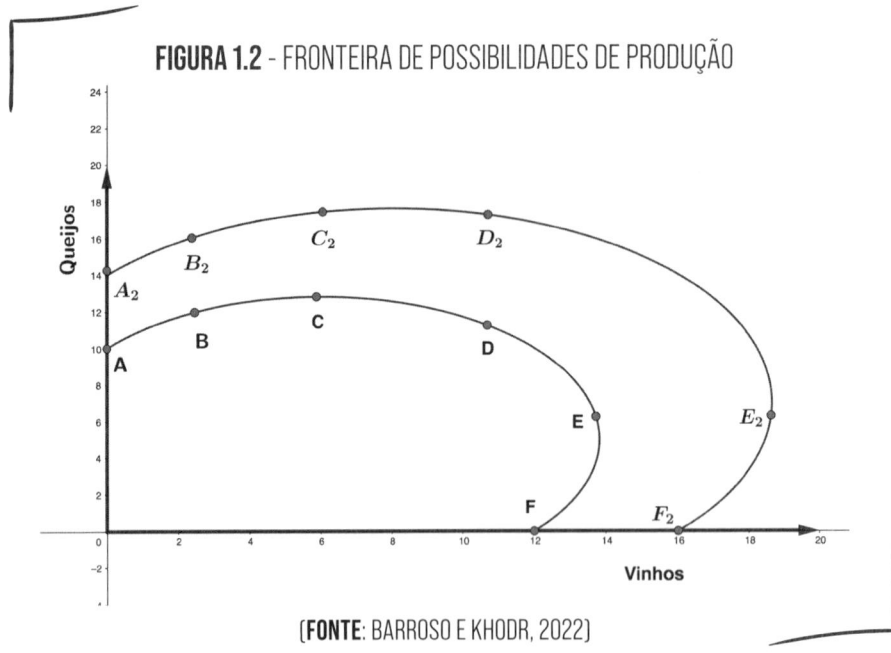

FIGURA 1.2 - FRONTEIRA DE POSSIBILIDADES DE PRODUÇÃO

(**FONTE**: BARROSO E KHODR, 2022)

A Figura 1.2 retrata a mesma situação. Nos pontos sobre a curva contínua "AF", a economia está a operar a plena capacidade dos recursos produtivos, e cada ponto representa o mesmo nível de produção, os quais delimitam a fronteira das possibilidades de produção máxima, considerados os recursos produtivos disponíveis e o estado de tecnologia existente.

Na área interior delimitada pela curva AF da Figura 1.2, há ociosidade de recursos produtivos, situação em que a produção de um bem pode ser expandida sem redução das quantidades de outro. Atingida a fronteira de possibilidades de produção (curva AF da Figura 1.2), só se pode expandir a produção de ambos os bens se houver a incorporação de recursos produtivos e/ou incrementos de produtividade, hipóteses em que a curva de fronteira de possibilidades de produção se desloca para a direita (curva tracejada A2F2).

A agricultura brasileira é um bom exemplo de crescimento à base de incrementos de produtividade, seja no uso do capital biológico, seja nos investimentos em máquinas, equipamentos, instalações e solos agricultáveis. Durante muito tempo, aumentos de produção decorriam quase exclusivamente da incorporação de novas áreas de terras devido ao declínio secular da produção nas áreas tradicionais de cultivo e pastoreio, sistemas nômades de exploração responsáveis pela degradação dos biomas nacionais.

As pesquisas realizadas pelas universidades, institutos de pesquisas, empresas especializadas e, sobretudo, a partir da criação da Empresa Brasileira de Pesquisa Agropecuária (EMBRAPA), generalizou-se, por intermédio dos serviços de extensão agropecuária, o uso de técnicas mais avançadas de cultivo e manejo do gado, com crescentes ganhos de produtividade, passando a agropecuária a ser o setor mais moderno e dinâmico da economia brasileira e o país uma das grandes potências mundiais na produção de alimentos.

De fato, o setor agropecuário brasileiro responde, atualmente, por 50% do mercado de soja; é o segundo maior exportador de milho; tem o maior rebanho bovino do mundo, sendo um dos maiores produtores mundiais de proteína animal. Segundo a Companhia Nacional de Abastecimento (CONAB), a produção de grãos passou de 46,9 milhões de toneladas na safra 1976/1977 para 264,8 milhões de toneladas na de 2020/21. A produtividade por hectare elevou-se de 1.257,9 quilos/ha em 1976/1977 para 4 mil quilos na safra 2021/2022, crescimento superior a três vezes (um hectare, hoje, produz o equivalente a três hectares em 1976/1977).

Infelizmente, em outros setores e segmentos da atividade econômica nacional, as baixas taxas anuais de investimento e da produtividade média do trabalhador brasileiro e da produtividade do total dos fatores de produção têm declinado fortemente ao longo das últimas décadas, sendo uma das principais causas responsáveis pela estagnação dos últimos 40 anos em que está mergulhada a economia do país (a chamada armadilha da renda média).

Segundo Fernando Veloso e outros, no artigo *Produtividade Total dos Fatores no Brasil: uma visão de longo prazo*, referente ao período 1981/2019, a produtividade total dos fatores foi de 0,3% e a do trabalho 0,4%, índices muito baixos comparados aos dos países desenvolvidos.

Há, pois, no Brasil, grandes oportunidades para expandir as fronteiras de possibilidades de produção, mesmo na agropecuária, pois nossos índices de produtividade ainda são inferiores aos da agropecuária norte-americana.

SÍNTESE DO CAPÍTULO

A escassez relativa dos recursos produtivos caracteriza o problema econômico. O conceito de escassez é relativo e não absoluto. Um recurso pode existir em grande quantidade, mas não em quantidade suficiente para atender a todas as necessidades e desejos revelados pelo mercado. Portanto, os agentes econômicos procuram pautar suas condutas e escolhas de utilização desses recursos da forma econômica mais racional possível em termos de custo-benefício. Este é o campo da Economia, ciência que trata da alocação de recursos escassos, entre fins alternativos, para atender as necessidades e os desejos humanos, do modo mais completo possível.

Qualquer que seja a forma de organização de uma sociedade, há problemas fundamentais a resolver: o que produzir, como produzir, quando produzir e para quem produzir. As forças de mercado sinalizam os preços dos insumos produtivos e dos bens e serviços a produzir, indicadores que orientam os empresários e os consumidores em suas decisões. Em nível das políticas públicas, o que fazer, como fazer e para quem fazer são decisões que dependem das escolhas e prioridades políticas.

Os fenômenos econômicos são analisados sob a perspectiva da Microeconomia e da Macroeconomia. A Microeconomia analisa o comportamento do consumidor, a atuação das empresas e o funcionamento dos mercados. Seu enfoque é positivo – o que é. A Macroeconomia estuda os grandes agregados econômicos: o consumo das famílias e das empresas, o nível agregado dos investimentos privados, os gastos e investimentos do governo, as exportações, as importações, o nível de emprego, a formação da renda nacional e os movimentos cíclicos da economia, sob o enfoque normativo – o que deveria ser. Tais decisões estão sujeitas ao arbítrio das conveniências e oportunidades políticas.

A escassez relativa dos recursos produtivos e o estado de ciência e tecnologia delimitam a fronteira de possibilidades de produção. Ao se produzir mais de determinados bens produz-se menos de outros. Essa é a regra geral imposta pela lei da escassez. Se a economia estiver a operar aquém dessa fronteira, há recursos produtivos ociosos e é possível expandir a produção. Além desse limite, surgem hiatos inflacionários, por ser impossível produzir mais do que os recursos produtivos permitem. A expansão da fronteira de possibilidades de produção depende da incorporação de mais recursos produtivos e de incrementos de produtividade resultante do uso de tecnologias mais eficientes (produzir mais por unidade de recurso produtivo).

No Brasil, os baixos índices de produtividade total dos fatores da produção e do trabalho, observados no período 1981/2000, evidenciam haver amplas possibilidades de expandir a fronteira de possibilidades de produção à base de incrementos de investimentos e de produtividade.

ASSUNTOS E CONCEITOS PARA REVISÃO

O problema econômico. Definição de Economia. A Micro e a Macroeconomia. A racionalidade das decisões dos produtores e dos consumidores. O que produzir, como produzir, quando produzir e para quem produzir. As escolhas públicas. Fronteira de possibilidades de produção. Limites impostos pela escassez dos recursos. Taxas marginais de substituição. O estado de tecnologia existente. Investimentos, produtividade e possibilidades de expansão da fronteira de possibilidades de produção.

2
O AMBIENTE
MACROECONÔMICO

O Brasil, formalmente, é uma economia de livre mercado e de livre concorrência (art. 170 da Constituição Federal). Ao singularizar o termo livre concorrência, a Constituição Federal estabelece marcos ideais a nortear as ações governamentais nesse sentido. Em realidade, não existe um capitalismo totalmente concorrencial, mas, sim, o capitalismo de um pequeno número de empresas a dominar o mercado, daí a legislação brasileira vedar a constituição de barreiras que evitem a entrada de novos concorrentes, a fim de afastar o risco de concentrações indesejáveis que possam atuar em detrimento do consumidor (Lei 12.529, de 2011).

Atores importantes constituem o ambiente macroeconômico: famílias, empresas, governos, mercados e seus diferentes nichos, resto do mundo, organizações sindicais e as instituições de pesquisa científica e desenvolvimento tecnológico, entre outros.

Famílias

As famílias são consumidoras dos bens e serviços produzidos pelas empresas, fornecedoras de força de trabalho às empresas, formadoras de poupança e investidoras. As empresas só produzem se houver demanda dos consumidores para os seus produtos e serviços. Ou seja, o comportamento da demanda agregada determina o ritmo de crescimento da produção, renda e emprego. Em geral, o consumo das famílias representa cerca de 60% do Produto Interno Bruto (PIB) de um país.

Empresas

As empresas são empregadoras de mão de obra, adquirentes de máquinas e equipamentos e consumidoras de bens e serviços intermediários que entram na composição final de seus produtos e serviços, para atendimento da procura dos setores privados e públicos. As empresas podem assumir várias formas jurídicas de organização. As mais usuais são as firmas de responsabilidade limitada e as sociedades anônimas.

As sociedades de responsabilidade limitada restringem a responsabilidade de cada sócio ao valor de suas quotas, mas todos respondem solidariamente pela integralização do capital subscrito. Esse tipo de sociedade deu grande impulso ao empreendedorismo capitalista norte-americano nos séculos XVIII e XIX, ao estimular a assunção dos riscos empresariais, porque, em caso de insucesso, as perdas limitavam-se ao capital subscrito. No Brasil, com a entrada em vigor do Código Civil de

2002 (Lei 10.406/2002), o art. 50 determina que, nos casos ali previstos, pode-se desconsiderar a pessoa jurídica e estender as obrigações de pagar aos bens particulares dos administradores e sócios, dispositivo que constitui entrave ao espírito empreendedor de quem pretende montar um pequeno e médio negócio, especialmente em conjunturas adversas de alto risco.

As sociedades anônimas são sociedades de capital. A responsabilidade de cada acionista limita-se ao valor das ações de que é detentor. Essa forma jurídica de sociedade tem sido a grande responsável pela democratização do capital nos países desenvolvidos e em desenvolvimento, inclusive no Brasil, predominantemente nos grandes empreendimentos.

Sindicatos

Os sindicatos têm grande relevância na intermediação entre as empresas e os assalariados no que se refere às negociações salariais e condições de segurança do trabalho (atualmente, menor importância do que no passado). São organizações que atuam na intermediação e harmonização dos interesses do capital e do trabalho.

As entidades intermediadoras de valores

As bolsas de valores, as corretoras de valores, as seguradoras, as agências de classificação de risco, os bancos comerciais e de investimentos e outras instituições financeiras são indispensáveis à intermediação entre poupadores e investidores.

As relações com o exterior (resto do mundo)

As relações com o exterior são de vital importância para a inserção de um país ao resto do mundo, por meio da importação e da exportação de bens e serviços, recepção de investimentos estrangeiros, pelas remessas feitas por residentes nacionais residentes no exterior e pelas remessas externas de juros, dividendos, royalties, lucros e outros itens dos serviços de capital. Esse intercâmbio é essencial para um país alcançar níveis crescentes de prosperidade, inclusive pela troca de experiências nas áreas cultural, científica e tecnológica.

Recursos produtivos

Grosso modo, os recursos produtivos são classificados em recursos de capital e de trabalho.

Os recursos de capital abrangem variada gama de bens materiais produzidos pelo homem, acumulados ao longo do tempo, tais como: terras, imóveis agrícolas e urbanos, jazidas minerais, açudes, represas, rios navegáveis, infraestrutura portuária, aeroportos, fábricas, máquinas, equipamentos, estoques de produtos e de insumos produtivos. A capacidade científica, tecnológica e empresarial de uma nação é também classificada como capital, no caso, capital intangível, sendo a mais importante de todas as formas de capital. A qualidade e capacitação dos recursos do fator trabalho são essenciais, seja para as empresas, seja para o crescimento e desenvolvimento econômico.

O estado do conhecimento (ciência e tecnologia)

Por estado de ciência e tecnologia, entende-se o estoque de conhecimentos científicos e tecnológicos existentes em um país nos mais variados campos da atividade humana. Quanto maior for esse estoque e mais eficiente for sua utilização em termos de produtividade, maiores serão os níveis de produção por unidade de recurso. É sempre oportuno enfatizar que os aumentos continuados de produtividade constituem a principal opção para afastar os limites impostos pela escassez relativa dos recursos produtivos (deslocamento da fronteira de produção para a direita, conforme demonstrado na curva tracejada da Figura 1.2).

Mercados

Existem várias conceituações de mercado. Em geral, são definidos como sendo a convergência entre compradores e vendedores com o objetivo de realizar negócios, tendo como regulador os preços, tanto na concorrência perfeita quanto na imperfeita. Dessa interação, nos diferentes tipos de mercados, surgem os quatro grandes preços da economia: preço dos bens e serviços, salários, juros e a taxa de câmbio.

A conceituação ampla de mercado prescinde de espaço físico. Pode formar-se virtualmente, como, aliás, acontece cada vez mais, em especial nas transações cursadas nas bolsas de valores, nos mercados futuros e nas transações eletrônicas via internet.

Os mercados, nas economias capitalistas, são dinâmicos e absorvem com grande rapidez a introdução de bens e serviços mais competitivos em termos de preços e qualidade, e as empresas mais eficientes deslocam as menos eficientes, processo conhecido como destruição criativa.

A DESTRUIÇÃO CRIATIVA
DE SCHUMPETER

Joseph Schumpeter enfatizou o papel das inovações tecnológicas como a força motriz do capitalismo. Ele argumentava que o capitalismo se desenvolve por meio de inovações por empresários empreendedores. Na busca incessante de lucros, os empreendedores estão sempre inovando em novas formas de organização e produção mais eficientes, como forma de competir no mercado. Assim, novos produtos deslocam os velhos processos de produção, fenômeno denominado de destruição criativa. Segundo ele, o capitalismo é um sistema econômico em movimento incessante e instável em busca de formas mais eficientes de produção. (Fonte: SOBEL, R. S.; CLEMENS, J. *O essencial de Joseph Schumpeter:* a economia do empreendedorismo e a destruição criativa. São Paulo: Avis Rara, 2021)

Há diferentes nichos de mercado: mercado de bens e serviços, mercado de fatores de produção, mercado financeiro, mercado monetário, mercado de crédito e mercado de divisas.

Mercado de bens e serviços

Nesse mercado, são transacionados os bens e serviços produzidos pelas empresas para atender às necessidades e desejos dos consumidores finais. As quantidades procuradas são inversamente proporcionais ao preço. Quanto maior o preço menor será a quantidade procurada e quanto menor o preço, maior a quantidade procurada. As quantidades ofertadas são diretamente proporcionais ao preço. Quanto maior o preço, maior as quantidades ofertadas, e vice-versa. Essas condições estão presentes em qualquer tipo de mercado concorrencial.

Mercado de fatores da produção

No mercado de fatores de produção são ofertados os insumos necessários ao processo produtivo. A base de qualquer economia depende do estoque e da qualidade dos fatores de produção. Os serviços prestados pelos fatores de produção, em forma de insumos, agregam-se à produção de bens e serviços. Nesse mercado, assume grande importância o fator trabalho, porque do seu bom desempenho depende a renda e o bem-estar do assalariado, o que determina, em última análise, a vitalidade da economia, dado que o consumo das famílias representa 60% ou mais do PIB. As oportunidades crescentes de emprego formal são o melhor tipo de programa de transferência de renda para os mais carentes.

Mercado financeiro

O mercado financeiro viabiliza a transferência de poupança entre os agentes econômicos. Os poupadores emprestam para os investidores ou devedores, mediante a colocação de títulos do governo e de títulos privados: ações, debêntures, duplicatas etc. Esse mercado agrega todos os títulos e é representado por um título padrão.

Mercado monetário

O mercado monetário resulta da interação da demanda e oferta de moeda. Nesse mercado são realizadas as operações de curto e curtíssimo prazo.

Mercado de crédito

É constituído por bancos comerciais e as demais instituições financeiras, as quais realizam financiamentos de curto, médio e longo prazo, tais como: desconto de títulos (legítimos efeitos comerciais), créditos rotativos, empréstimo de capital de giro, crédito direto ao consumidor, empréstimos pessoais, adiantamento de contratos de câmbio e financiamentos para formação de ativos fixos.

Mercado de divisas

O mercado de divisas é constituído pela troca de moeda de um país pela de outro com a finalidade de viabilizar as transações inerentes ao comércio internacional de bens e serviços e as transações financeiras. O seu preço são as relações de paridade entre as diversas divisas, ou seja, a taxa de câmbio.

O mecanismo de formação de preços na concorrência perfeita

> ### A TEORIA É UMA
> #### FERRAMENTA LÓGICA
>
> É um instrumental. É um meio para se analisar as implicações de uma proposição ou várias proposições. As suposições são expedientes simplificadores da realidade para examinar as implicações dessas proposições. O mundo tem uma infinidade de dimensões. Nossas mentes, contudo, têm limitações bastante finitas. Simplificamos para fazer análises do mundo real. Isso possibilita manejar os problemas um de cada vez, em lugar de todos, conjuntamente. Logo, se isso é assim, o resultado será também assim, mantidas certas condições constantes (*coeteris paribus*). (SCHUH, E. *Apostilas de Teoria Econômica*. Instituto de Economia Rural, UREMG/Universidade Federal de Viçosa, s/d)

Na concorrência perfeita, os preços se formam mediante a interação entre as forças da procura (D) e da oferta (S). O mercado encontra-se em equilíbrio quando a procura e a oferta igualam-se a um determinado preço, denominado preço de equilíbrio (D=S). Se a oferta for maior que a demanda, formam-se excedentes de bens e serviços, os preços caem. Se a procura for maior que a oferta, há procura insatisfeita, os preços elevam-se. Apesar de ser um modelo que descreve simplificadamente o funcionamento do mecanismo de formação dos preços, permite a fácil compreensão da complexidade de como, empiricamente, se movem as forças de mercado (Gráfico 2.1).

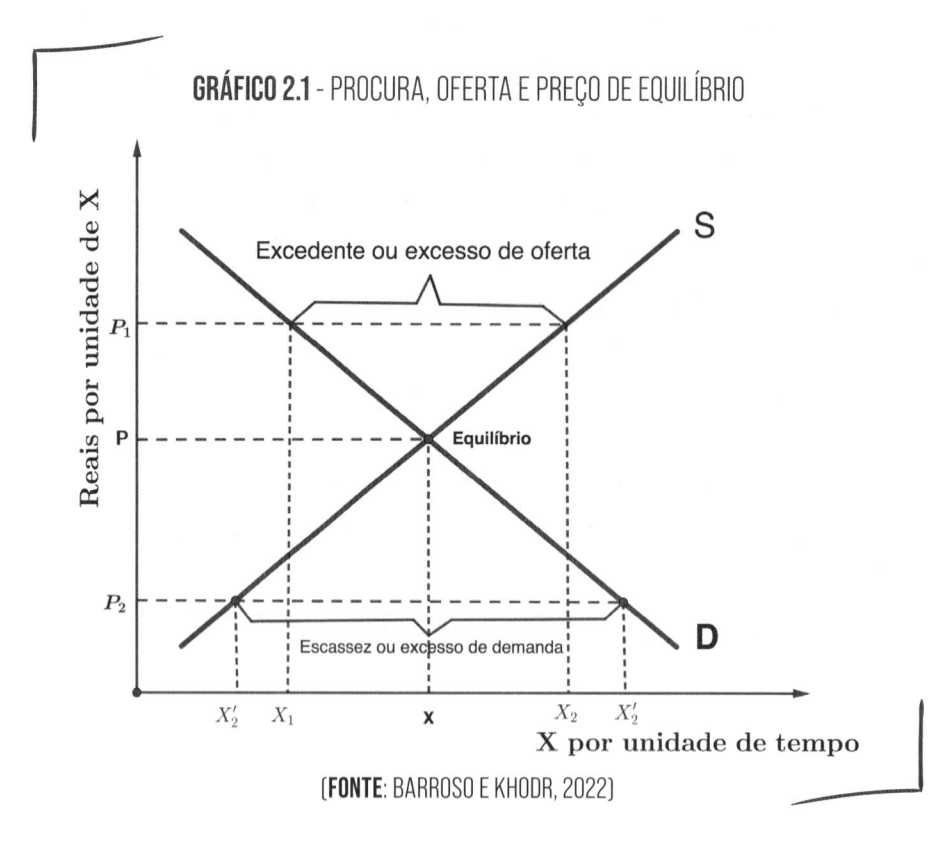

GRÁFICO 2.1 - PROCURA, OFERTA E PREÇO DE EQUILÍBRIO

(**FONTE**: BARROSO E KHODR, 2022)

O mercado de concorrência perfeita pressupõe, entre outras condições, haver um grande número de vendedores e compradores de um produto homogêneo, de tal sorte que nenhum demandante ou ofertante individualmente pode alterar as condições de mercado. Trata-se, portanto, de um modelo ideal, vale enfatizar. Todavia, ajuda na compreensão do mecanismo de formação de preços.

Modelos de concorrência imperfeita

No mundo real, os mercados e a formação dos preços são mais complexos que o retratado pela concorrência perfeita. Na concorrência imperfeita, oferta e procura confundem-se na curva da procura (linha do preço), mas a formação dos preços segue a mesma lógica geral da concorrência perfeita: a preços maiores, menores serão as quantidades procuradas, e vice-versa.

Há diferentes tipos de concorrência imperfeita: concorrência monopolista, oligopólios e monopólios. Do lado da procura, oligopsônio (poucos compradores) e monopsônio (um único comprador). Na concorrência monopolista, existe grande número de vendedores ofertando produtos ligeiramente diferenciados, quase sempre pela marca, embalagem e preço. No oligopólio, há pequeno número de empresas (em geral não mais de dez), vendendo produtos com graus mais acentuados de diferenciação. No monopólio, há apenas um vendedor do bem ou serviço no mercado, que fixa os preços em níveis que podem proporcionar o maior lucro anormal possível (lucro de monopólio).

Nos vários modelos de concorrência imperfeita, existirá lucro anormal quando o preço do produto for maior que o seu custo médio. Em condições de competição (mercados contestáveis), o preço de determinada empresa poderá cair abaixo do custo médio, situação em que terá prejuízo e será deslocada do mercado por outras mais competitivas em termos de preços e melhor qualidade (destruição criativa). O que importa, em termos de concorrência imperfeita, é a inexistência de barreiras à entrada no mercado.

Funcionamento simplificado de uma economia de mercado

Para se ter uma visão simplificada do funcionamento de uma economia real de mercado, pode-se considerar, idealmente, a existência de apenas dois agentes econômicos: as unidades consumidoras, proprietárias dos fatores de produção (famílias) e as empresas produtoras de bens e serviços, assim como a existência de dois mercados: o de bens e serviços finais e o de fatores de produção (insumos), em que são transacionadas a compra e venda dos serviços dos recursos produtivos (Gráfico 2.2).

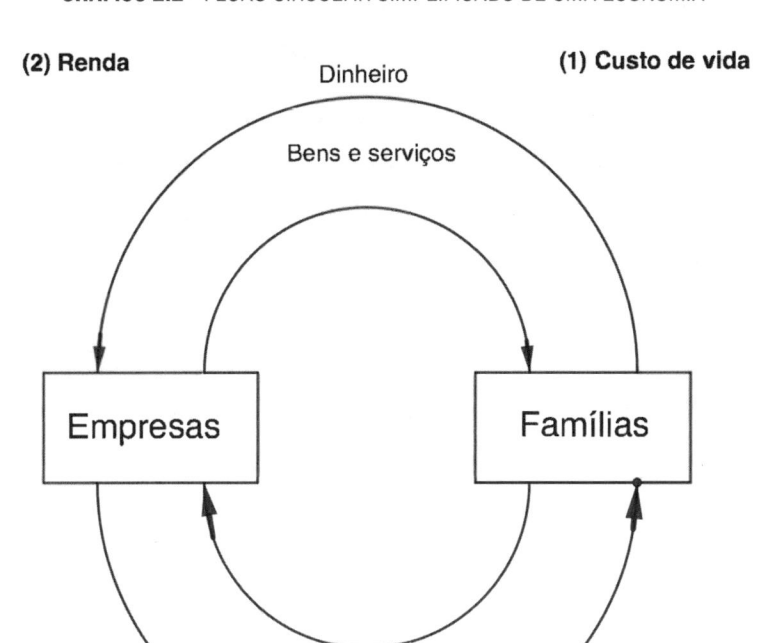

GRÁFICO 2.2 - FLUXO CIRCULAR SIMPLIFICADO DE UMA ECONOMIA

(2) Renda   Dinheiro   **(1) Custo de vida**

Bens e serviços

Empresas   Famílias

Mão de obra e Capital

Dinheiro, aluguéis, salários, lucros, juros, etc...

(3) Custo de Produção   **(4) Renda dos Consumidores**

(**FONTE**: BARROSO E KHODR, 2022)

Esse modelo, ainda que simplificado, descreve os fluxos que ocorrem no mundo real: as famílias cedem os serviços dos fatores de produção às empresas e recebem em troca a remuneração monetária correspondente; e as empresas vendem bens e serviços às famílias, as quais, em troca, recebem renda. Assim, fecha-se o ciclo: produção/consumo (fluxo real) com o de compra de insumos/venda de produtos e serviços (fluxo financeiro).

O Estado, as instituições e as forças político-partidárias e ideológicas

O Estado moderno, muito diferente do Estado mínimo liberal pós-Revolução Francesa, requer que as instituições públicas exerçam papel importante nos seguintes casos e circunstâncias: regulador da economia e das atividades de interesse social, provedor dos bens e serviços públicos essenciais, participação no ensino básico e profissionalizante, na pesquisa científica e no desenvolvimento tecnológico, na saúde pública e na segurança; estabilizador nas crises econômicas, fomentador do desenvolvimento econômico, promotor da equidade na distribuição de renda, mantenedor de programas de transferência de renda para as populações carentes e complementador da iniciativa privada nas áreas e atividades pioneiras, assim como nas iniciativas de menor rentabilidade econômica e risco empresarial (falhas de mercado). Todavia, a intervenção estatal, como banqueiro e empresário, só se justifica em casos especiais quando se observam falhas de mercado e nos monopólios puros, cuja eliminação permite o melhor funcionamento da economia.

Para financiar os custos de todas essas complexas funções, o Estado arrecada dos contribuintes tributos correspondentes à parcela substancial da renda nacional. Nas economias modernas, essa participação gira em torno de 30% a 40% do PIB; no Brasil, 32%. Nos países nórdicos e em alguns países europeus, mais de 50%.

O nível de intervenção estatal na economia depende, também, das forças político-partidárias e ideológicas, as quais determinam, em última análise, as escolhas e prioridades públicas (a CF de 1988, a julgar pelas atribuições que consigna ao Estado, caracteriza o país como uma social-democracia).

Se o sistema político for democrático de direita, a concepção é a de que a intervenção governamental deve ser mínima, ressalvados alguns direitos e garantias individuais: igualdade perante a lei, direito à propriedade e cumprimento dos contratos. Se de centro-direita, a participação estatal deve ser mais ampla: segurança jurídica, regulação mínima das atividades econômicas, redução da carga tributária incidente sobre as empresas, proteção social mínima aos desempregados e às famílias carentes e políticas de imigração restritas. Pensamento predominante em ambos os casos: Estado mínimo, com diferentes graus de intervenção estatal.

Se o sistema democrático for de esquerda ou de centro-esquerda, o grau de participação estatal na economia é acentuado. A esquerda é mais radical que a centro-esquerda. De modo geral, a intervenção estatal observa os seguintes princípios em diferentes graus: direito à propriedade privada, resguardado o interesse social; legislação regulatória abrangente, distribuição mais equitativa da renda, sistema tributário mais progressivo, prevalência dos direitos e garantias individuais, compreendendo o direito à saúde; direito à educação, direito ao trabalho, direito à proteção social mais extensiva aos desempregados e às famílias carentes; políticas mais inclusivas de imigração. Pensamento dominante em ambos os casos: Estado necessário, com diferentes graus de intervenção.

Importa registrar, contudo, que essas diferenciações tipológicas entre a centro-direita e a centro-esquerda podem ser mais de retórica que a realidade cambiante da política partidária, a qual ora tende para a centro-direita, ora para a centro-esquerda. Esse movimento pendular e a existência de freios e contrapesos constituem importantes grades de proteção ao bom funcionamento das instituições. O que importa, em realidade, é o Estado ser eficiente.

Os sistemas autoritários de extrema direita (fascismo com suas diversas modalidades) e de extrema esquerda (comunismo) revestem-se de formas autoritárias de governo, inclusive sob a forma disfarçada de ditaduras. Não é o Estado que deve servir ao cidadão, mas o cidadão que deve servir, incondicionalmente, ao poder estatal. Não existe o Estado de direito. Consequentemente, os indivíduos são meros súditos do Estado onipotente ("Tudo dentro do Estado, nada fora do Estado, nada contra o Estado"), célebre divisa fascista, condição comum ao fascismo, nazismo e comunismo. Pensamento dominante: Estado totalitário.

SÍNTESE DO CAPÍTULO

O ambiente macroeconômico do Brasil, insculpido na Constituição Federal de 1988, é de uma economia de livre mercado e de livre concorrência. Atores importantes constituem esse meio ambiente: famílias, empresas, governo, mercados e seus diferentes nichos, resto do mundo, organizações sindicais e os agentes políticos e sociais. Esses agentes estão em permanente interação nos mercados e no dia a dia da economia, da política e das relações socioculturais.

A disponibilidade dos fatores de produção e o estado de ciência e tecnologia constituem a base produtiva da economia, pois deles dependem o bem-estar econômico e social. Os mercados e seus diferentes nichos sinalizam os preços dos recursos produtivos e dos bens e serviços demandados. Os mercados independem de uma base territorial. Basta haver uma convergência entre compradores e vendedores com o objetivo de realizar negócios. É extremamente dinâmico, especialmente onde não há rígidas barreiras à entrada de novos concorrentes (mercados contestáveis). Os mercados permitem que meios mais eficientes de produção possam deslocar os menos eficientes (criação destrutiva).

As ferramentas da teoria econômica são simplificadoras da complexidade do mundo real, mas servem para explicar o comportamento e o funcionamento dos mercados e do sistema econômico, tendo em vista que o mundo real possui uma infinidade de dimensões de difícil compreensão sem o auxílio desses modelos.

O Estado tem importante papel como regulador da economia, provedor de bens e serviços públicos, estabilizador nas crises econômicas, financiador das obras de infraestrutura econômica e social, sempre que possível em parceria com o setor privado; fomentador do desenvolvimento econômico, promotor de programas de transferência de rendas para os mais carentes e da distribuição mais equitativa da renda; além de complementar a iniciativa privada nas iniciativas de menor rentabilidade econômica e de riscos elevados para a iniciativa privada (falhas de mercado). Mas sua intervenção como empresário e banqueiro só se justifica nos casos de falhas de mercado e dos monopólios naturais. O nível de intervenção estatal depende, também, das forças político-partidárias e ideológicas.

ASSUNTOS E CONCEITOS PARA REVISÃO

Integrantes do meio empresarial. Mercados e seus diferentes nichos. O mecanismo de formação dos preços. Funcionamento simplificado de uma economia. O nível de intervenção estatal e as forças político-partidárias e ideológicas.

3
AGREGADOS CONTÁBEIS
MACROECONÔMICOS

No mundo empresarial, seria extremamente difícil saber se uma empresa ou negócio é lucrativo ou não sem a utilização da contabilidade e de suas diversas demonstrações: balanço patrimonial, resultados do exercício, fluxo de caixa e de capital e de outras peças contábeis. A Contabilidade Nacional ou Contabilidade Social é a linguagem da macroeconomia que trata da mensuração da atividade econômica e segue o mesmo princípio das partidas dobradas da Ciência Contábil.

A análise dos agregados macroeconômicos permite estimar quanto uma economia produziu de bens e serviços em determinado período de tempo; qual foi o dispêndio das famílias e das empresas; quanto o governo gastou com pessoal, material de consumo e outros itens e quanto investiu na produção de bens e serviços públicos; quanto a sociedade destinou à poupança e aos investimentos; quanto da produção nacional foi exportada;

quanto foi consumido de bens e serviços importados; o montante das remessas para o exterior de juros, lucros, dividendos e outros itens de serviços do capital; e quanto desses serviços foram remetidos do exterior para o país.

A Contabilidade Nacional utiliza três diferentes enfoques para medir os agregados macroeconômicos: o ângulo do produto, o ângulo da renda e o da despesa ou dispêndio, e todos apresentam os mesmos resultados, apesar das diferentes metodologias de mensuração.

Pelo ângulo do produto, agrega toda a produção de bens e serviços finais produzidos por um país ou região em determinado período, deduzidos os bens e serviços intermediários, a fim de evitar erros de dupla contagem no cálculo do produto final.

Na ótica da renda, o produto corresponde ao somatório de todos os pagamentos feitos aos proprietários dos fatores de produção, sob a forma de salários, juros, aluguéis, royalties e lucros.

Quanto ao ângulo do dispêndio ou despesa, o produto é mensurado pelo somatório das despesas de consumo das famílias, do investimento das empresas, dos gastos do governo, do valor das exportações deduzido o valor das importações.

O produto interno bruto (PIB)

Se há uma medida importante de aferição do desempenho anual de uma economia, certamente essa medida é o PIB. O seu comportamento mensal, trimestral e anual é frequentemente objeto do noticiário da imprensa e matéria de discussão nas mídias sociais. Todos se interessam por conhecer o seu desempenho, pois disso depende o bem-estar geral da população. É também um termômetro do sucesso ou insucesso do governo e da iniciativa privada na condução da atividade econômica.

O PIB, por imputar valores para segmentos de difícil precificação, é uma estimativa e não uma aferição precisa do que ocorreu realmente na economia em determinado período. Por isso, de tempos em tempos, as taxas de crescimento econômico global ou setorial podem sofrer revisões dos valores inicialmente estimados.

A importância e a grandeza das nações são, em geral, aferidas pelo tamanho do PIB. Por essa medida, os Estados Unidos aparecem como sendo a primeira economia do mundo, seguidos pela China, Japão e Alemanha. O Brasil, em 2018, era a nona maior economia do mundo, com um PIB em torno de US$ 1,9 trilhão. Em 2020, estima-se que figura na 13ª posição, com o PIB de US$ 1,4 trilhão (perda de posição sobretudo devido à desvalorização cambial).

As variáveis consideradas na apuração do PIB, pelo ângulo das despesas, como visto, são: o consumo das famílias (C); os gastos do Governo (G); o Investimento (I) e as exportações menos as importações (X-M).

$$PIB = C + G + I + (X-M)$$

Consumo das famílias (C)

No Brasil, nos últimos 15 anos, o consumo das famílias representou cerca de 60% ou mais do total do PIB. Essa variável é de grande importância para a atividade econômica. Aumento ou diminuição do consumo provoca aquecimento ou desaquecimento da economia e, consequentemente, variações no valor do PIB, no nível de emprego e do bem-estar econômico e social das pessoas.

O consumo das famílias é constituído de bens duráveis, não duráveis e serviços. Entre os bens duráveis figuram os diferentes tipos de veículos e de equipamentos domésticos. Os bens não duráveis são constituídos de alimentação, vestuário, energia e outros. Os serviços compreendem habitações, saúde, educação, lazer e outros. À medida que um país se desenvolve, os bens duráveis e os serviços passam a ter predominância nos orçamentos domésticos.

Há uma óbvia relação entre rendimento das famílias, consumo e poupança. A poupança é a parte dos rendimentos que não foi consumida. As pessoas dotadas de maior poder aquisitivo poupam proporcionalmente mais que os pobres e os detentores de uma renda mediana. Os pobres poupam muito pouco ou quase nada. Gastam mais em alimentos, vestuário e transporte que em serviços mais sofisticados, saúde, educação e aquisição de bens duráveis.

Gastos do Governo (G)

Os gastos do governo correspondem às despesas efetuadas com o pagamento de pessoal, material de expediente, aluguéis, transporte e itens indispensáveis ao funcionamento anual da máquina estatal. No Brasil, esses gastos são classificados na rubrica "despesas correntes". Além disso, o governo compra equipamentos, veículos, investe em edificações e infraestrutura e em outros itens duráveis de produção. São as "despesas de capital".

Há uma tendência mundial, em especial a partir do término da Primeira Guerra Mundial e da Depressão dos anos 1930, de crescimento dos gastos do governo em razão da atuação do Estado em diversas atividades e segmentos essenciais ao bem-estar econômico e social, como salientado.

Não existe um tamanho ideal de Estado, mas, sim, o desejável, pois isso depende de fatores históricos, socioeconômicos e culturais e de como atua. É irrelevante a discussão se o Estado deve ser mínimo ou máximo. O importante é ser eficiente para cumprir as suas múltiplas e importantes funções e que trabalhe em favor da grande maioria da população, e não para beneficiar as camadas mais ricas que concentram a maior parte da renda nacional.

Investimentos (I)

O investimento é o motor da economia. O investimento é capital acumulado. Na Contabilidade Nacional é denominado de formação bruta de capital fixo (FBCF). Corresponde à aquisição de bens de capital, máquinas e equipamentos, edifícios, variação de estoques de mercadorias e insumos, com o objetivo de gerar maior produção futura. Taxas reduzidas de investimento e de produtividade retardam o progresso econômico.

É importante observar que a formação bruta de capital resulta de parte da renda nacional (YN) que não foi consumida (C), ou seja, a formação de poupança (YN-C=S). Na Contabilidade Nacional a poupança é igual ao investimento (S=I). Logo, pode-se dizer que tudo que não for consumido será investido, o que, em realidade, inclui investimentos reais e financeiros.

Há, ainda, algumas conceituações relevantes a fazer em relação ao investimento, que pode ser público ou privado. O investimento público é autônomo por independer do incremento do consumo (C). Origina-se, quase sempre, de decisões políticas e estatais no sentido de estimular a formação da infraestrutura econômica e social do país ou região e de promover o crescimento econômico e o bem-estar da população. O investimento privado é induzido pelo consumo (C), ensejado, principalmente, pelos incrementos de renda (YN). O investimento pode ser bruto ou líquido. O bruto não considera as depreciações das máquinas, dos equipamentos e de outros bens. O líquido deduz as depreciações.

$$IL = IB - D$$

O MULTIPLICADOR DO
INVESTIMENTO AUTÔNOMO

Todo investimento autônomo provoca sempre um incremento na renda total (ΔY) bem maior que o seu valor original. A relação que expressa esse efeito denomina-se de multiplicador (K). O multiplicador (K) vezes o acréscimo de investimento (ΔI) resulta num incremento de renda:

$$K = \Delta Y / \Delta I$$

$$\Delta Y = K \cdot \Delta I$$

Exemplos:

a) no primeiro caso, se o acréscimo de renda (ΔY) for 10 e o acréscimo de investimento (ΔI) for 2, o efeito multiplicador será 5 (10/2=5);

b) no segundo caso, se o multiplicador for 5 e o acréscimo de investimento (ΔI) for 10, o acréscimo de renda (ΔY) será de 50 (5 .10=50).

(**Fonte**: BARROSO E KHODR, 2022)

Os investimentos estatais têm relevante importância na economia, seja na formação da infraestrutura econômica e social, seja para cobrir as falhas de mercado em que o investidor privado não tenha interesse econômico de investir, mas que são importantes do ponto de vista social.

Resto do mundo

As exportações (X) correspondem às vendas ao exterior dos bens e serviços. As importações (M), às compras de bens e serviços produzidos no exterior. As exportações líquidas (X-M) correspondem às diferenças entre exportações e importações (balança comercial). O balanço de pagamentos registra todas as transações de caráter econômico-financeiro realizadas por residentes de um país com residentes dos demais países. É constituído basicamente de cinco contas ou balanças: balança comercial, balança de serviços e rendas, as transferências unilaterais, transações correntes e a conta capital.

A balança comercial registra os valores FOB (*free on board*) das exportações e importações. Se o valor das exportações superar o das importações, diz-se que a balança comercial é superavitária. Caso contrário, deficitária.

A balança de serviços e rendas registra as receitas e despesas de diversos tipos de transação, tais como: transporte, seguros, viagens internacionais, royalties, assistência técnica, lucros, juros.

As transferências unilaterais registram as entradas e saídas de divisas decorrentes do envio ao exterior para manutenção de embaixadas e serviços consulares, assim como das remessas de renda dos residentes não nacionais do exterior para o país de origem.

As transações correntes incluem os resultados da balança comercial, da balança de serviços e rendas e as transferências unilaterais. Se houver superávit, o país está financiando o resto do mundo. Se houver déficit, o país está sendo financiado pelo resto do mundo.

A conta de capital e financeira registra os investimentos diretos, ou seja, as transações de capital de risco das empresas estrangeiras e as saídas de investimentos nacionais para o exterior; os empréstimos e financiamentos obtidos por residentes no país, as saídas dos empréstimos concedidos a não residentes; as amortizações de parte ou da totalidade da dívida contraída no exterior. A soma das transações correntes e dos movimentos de capitais expressa o resultado final do balanço de pagamentos.

BALANÇO DE PAGAMENTOS

Balança comercial

    Exportações (1)

    Importações (2)

    Saldo: (1-2)

Balança de serviços e rendas

    Serviços

    Rendas

    Saldo

Transferências unilaterais

    Saldo de transações correntes (somatório algébrico da balança comercial, balança de serviços e transferências unilaterais).

Conta capital e financeira

Conta capital:

    Investimentos diretos

    Investimentos em carteira e derivativos (essas contas podem ser positivas ou negativas)

Resultado do BP (soma algébrica de transações correntes e da conta de capital).

(**Fonte**: BARROSO E KHODR, 2022)

O PIB potencial

O PIB potencial define o limite da capacidade produtiva de um país. Corresponde à produção máxima que um país pode produzir, tendo em conta as possibilidades de mobilização dos recursos produtivos disponíveis e os níveis de produtividade na utilização desses recursos. Além dos limites impostos por essas restrições, a tentativa de expandir a produção causa inflação (aumento de preços sem os correspondentes incrementos de produção).

Denomina-se hiato do produto a diferença entre o PIB observado em determinado período e o PIB potencial estimado. Há estimativas de que o PIB potencial do Brasil é da ordem anual de 3%, apesar do grande potencial de recursos naturais, de terras agrícolas produtivas e de uma indústria de grande porte. Esse baixo potencial deve-se, basicamente, às baixas taxas de investimentos e de produtividade devidas aos seguintes fatores: insuficiência de recursos para pesquisa em ciência e tecnologia, precariedade da infraestrutura econômica, insuficiência de oferta de mão de obra especializada, elevados custos da burocracia estatal, estrutura e procedimentos tributários ineficientes e grande instabilidade política.

O PIB nominal e o PIB real

É possível haver um aumento monetário do PIB sem que haja aumento de quantidade produzida, simplesmente porque os preços de todos os bens e serviços aumentaram. Ou seja, o aumento foi de natureza inflacionária (apenas nominal). Por conseguinte, para se chegar ao PIB real torna-se necessário expurgar os efeitos das variações de preços, mediante o uso do deflator implícito do PIB, índice calculado pelo Instituto Brasileiro de Geografia e Estatística (IBGE).

No Brasil, há diversos índices de preços: Índice de Preços ao Consumidor (IPC), Índice de Preços por Atacado (IPA), Índice Nacional de Preços da Construção Civil (INCC), Índice Geral de Preços (IGP), Índice de Preços ao Consumidor Amplo (IPCA) e o Índice Nacional de Preços ao Consumidor (INPC). Os quatro primeiros são calculados pela Fundação Getúlio Vargas (FGV). Os dois últimos, pelo IBGE.

Outros importantes agregados macroeconômicos

Produto Nacional Bruto (PNB)

O PNB corresponde ao PIB, deduzidos os lucros, juros, aluguéis e dividendos enviados pelos não residentes ao exterior e, em sentido inverso, às remessas do exterior para o país de origem. Em geral, utiliza-se o PIB nas comparações internacionais para medir o tamanho da economia em vez do produto nacional bruto (PNB), porque o PIB permite avaliar o esforço produtivo interno de cada país, enquanto o PNB leva em consideração também os rendimentos dos fluxos externos de capital. Por exemplo, no Brasil, o PNB é menor que o PIB, porque somos importadores líquidos de capital externo. Nos países desenvolvidos, o PNB é maior que o PIB, porque, em geral, são exportadores líquidos de capital.

$$PNB = PIB + \text{saldo das remessas externas}$$

O Produto Nacional Líquido (PNL)

O PNL resulta das deduções no PNB referentes à depreciação de edifícios, máquinas, equipamentos e outros ativos fixos utilizados na produção nacional de bens e serviços.

$$PNL = PNB - D$$

O Produto Nacional Líquido a custo de fatores ou Renda Nacional (YN)

O PNL, deduzidos os impostos indiretos e somados os subsídios concedidos pelo poder público às empresas e a outras atividades, corresponde ao produto nacional líquido a custo de fatores, ou seja, a renda nacional (YN).

$$PNL\ cf = PNL - \text{Impostos Indiretos} + \text{Subsídios (no}$$
item **Produto Nacional Líquido a Fatores ou Renda Nacional (YN)**)

Renda per capita

Do ponto de vista do nível de vida, a renda per capita é um dos índices mais utilizados na comparação entre países. Corresponde à renda nacional dividida pelo número de habitantes.

YN/nº Habitantes

Há outros indicadores que expressam, também, o nível de bem-estar de um país ou região. São eles: o Índice de Paridade do Poder de Compra (PCC), o Índice de Desenvolvimento de Recursos Humanos (IDH) e o Índice de Gini.

> **PARIDADE DO PODER DE COMPRA (PPC)**
>
> É um método alternativo à taxa de câmbio para se calcular o poder de compra dos países, tendo em vista que bens e serviços têm diferentes preços de um país para o outro e diferenças de rendimentos, porque a taxa de câmbio de um país tende a se desvalorizar na mesma proporção em que aumenta o nível de preços. As diferenças entre a PPC e a taxa de câmbio real podem ser significativas. Por exemplo, em 2017, o PIB do Brasil, em termos de taxa de câmbio, era aproximadamente de US$ 2,0 trilhões, enquanto em termos de PPC, era de US$ 3,1 trilhões, ou seja, 50% maior. (**Fonte**: WIKIPEDIA)

O PCC é calculado com base na moeda de um país em relação à moeda de outro; em geral, é utilizado o dólar norte-americano. Uma singularidade a respeito é que a revista *The*

Economist usa como parâmetro de cálculo do PPC os preços internacionais de sanduíches do McDonald's.

O Índice de Desenvolvimento de Recursos Humanos (IDH) é constituído de três itens: expectativa de vida, nível de educação e o PIB avaliado em termos de PPC. À medida que se aproxima de 1, mais elevado será o nível de vida do país. Segundo dados da Organização das Nações Unidas (ONU), o IDH do Brasil, em 2019, foi de 0,761, ocupando o 79º lugar entre 189 países.

O Índice de Gini mede a desigualdade de renda de um país ou região. Se esse índice for igual a zero não há desigualdade de renda. À medida que se aproxima de 1, maior será a desigualdade de renda. Segundo a Amostra por Domicílios do IBGE, o Índice de Gini do Brasil subiu de 0,538 para 0,545 entre 2017/2018, mas caiu em maio de 2020 para 0,509. Segundo ainda o IBGE, usando dados do Banco Mundial (novembro de 2020), o Brasil é o nono país mais desigual do mundo.

SÍNTESE DO CAPÍTULO

A contabilidade nacional ou social trata dos agregados macroeconômicos que permitem estimar quanto uma economia, em determinado período, produziu de bens e serviços, qual foi o consumo das famílias e empresas, quanto foi poupado, quanto foi investido, quais foram os gastos do governo, quanto foi exportado e importado, valores das remessas feitas para o exterior, e vice-versa, qual a renda nacional e a renda per capita de um determinado país ou região. A contabilidade nacional utiliza três diferentes métodos para mensurar a atividade econômica: o ângulo do produto, o da renda (valor agregado) e o das despesas. Todas essas aferições produzem o mesmo resultado, pois são métodos diferentes de aferir o mesmo fenômeno. A contabilidade nacional segue o mesmo princípio das partidas dobradas da contabilidade geral.

O produto interno bruto (PIB) é a mais conhecida medida de desempenho da atividade econômica. De seu desempenho depende o bem-estar geral do país. Os demais agregados macroeconômicos derivam-se dele: o Produto Nacional Bruto (PNB), o Produto Nacional Líquido a custo de fatores (PNL cf), ou seja, a renda nacional (YN) e a renda per capita (YN/n° habitantes). A contabilidade nacional produz, ainda, informações sobre os seguintes agregados: poupança bruta nacional, formação bruta de capital fixo, transações da balança comercial e de serviços, transferências unilaterais, saldo das transações correntes, movimentação da conta capital, itens que compõem o balanço de pagamentos.

Sem essas informações, torna-se inviável fazer projeções sobre o nível de crescimento econômico desejado e as decisões que vão determinar as escolhas de prioridades das políticas públicas: o que fazer, como fazer, quando fazer e para quem fazer.

ASSUNTOS E CONCEITOS PARA REVISÃO

Produto Interno Bruto (PIB), Produto Nacional Bruto (PNB), Produto Nacional Líquido (PNL), Renda Nacional (YN). Renda per capita (YN/nº habitantes). PIB em termos de Paridade do Poder de Compra (PPC). Mensuração da renda nacional sob os ângulos do produto, da renda (valor agregado) e o da despesa. Índice de Desenvolvimento de Recursos Humanos (IDH) e Índice de Gini.

4
AS FINANÇAS PÚBLICAS
BRASILEIRAS

As Finanças Públicas tratam da economia do setor público. Até a Primeira Guerra Mundial e na Grande Depressão dos anos de 1930, os gastos dos governos na maioria dos países não ultrapassavam a 10% do PIB. A ideia política predominante era a do liberalismo clássico à época da Revolução Francesa de 1789. Ao Estado caberia apenas a prestação dos serviços públicos essenciais: educação, saúde e segurança, assim mesmo em escala mínima (na maioria dos países, participação da carga tributária em relação ao PIB girava em torno de 10%).

A partir da Primeira e Segunda Guerras Mundiais, os gastos públicos dos países afluentes assumiram proporções crescentes relativamente ao PIB, seja por causa dos elevados dispêndios dos conflitos bélicos, seja pela adoção das políticas keynesianas para enfrentar os efeitos da Grande Depressão dos anos de 1930, seja pelos elevados investimentos do Plano Marshall de reconstrução da Europa, seja para financiar os gastos da Guerra Fria e dos conflitos regionais que perduram até hoje. Ademais, entre outros setores de atuação, cresceram as responsabilidades do Estado como provedor de bens públicos, regulador da atividade econômica, repassador de recursos para as regiões e populações mais pobres, promotor de maior equidade na distribuição da renda e empresário nas falhas de mercado.

Os dispositivos constitucionais normativos das finanças públicas brasileiras

As finanças públicas brasileiras estão regulamentadas na Constituição Federal, nos artigos 145 a 162. Os artigos 163/164 tratam, especificamente, das normas gerais das finanças públicas referentes aos sistemas tributário e orçamentário, matéria regulamentada pela Lei 4.502/1964 e pela Lei Complementar 101, de 04/05/2000 (Lei de Responsabilidade Fiscal), e outras normas de gestão fiscal.

O artigo 163 da CF normatiza a competência da União, dos Estados, do Distrito Federal e Municípios sobre importantes assuntos: dívida pública externa e interna; concessão de garantias pelas entidades públicas; fiscalização financeira da Administração Pública direta e indireta; operações de câmbio realizadas por entidades e órgãos da União, dos Estados, do Distrito Federal e municípios. Esse artigo trata, também, da compatibilização das funções das instituições financeiras de crédito voltadas para o desenvolvimento regional (o conceito de União inclui o Governo Central, o Banco Central do Brasil e a Previdência Social).

O artigo 164 dispõe sobre a competência da União para emissão de moeda, atividade exercida, exclusivamente, pelo Banco Central do Brasil (BACEN). Veda a esse Banco conceder, direta ou indiretamente, empréstimos ao Tesouro Nacional e a qualquer órgão ou entidade que não seja instituição financeira. Concede-lhe poder decisório para comprar e vender títulos de emissão do Tesouro Nacional, com o objetivo de regular a oferta de moeda, a taxa de juros e o nível de liquidez da economia.

O citado artigo determina, ainda, que as disponibilidades de caixa da União deverão ser depositadas no Banco Central. As dos Estados, Distrito Federal, municípios, órgãos e entidades do Poder Público e empresas por ele controladas, nas instituições financeiras oficiais, ressalvados os casos previstos em lei.

O Sistema Tributário Nacional
STN (CF, artigos 145/162)

A Federação brasileira é constituída da União, 26 Estados, o Distrito Federal e 5.564 municípios. Nessas três esferas de governo há vasto aparato administrativo de supervisão e controle fiscal. Em nível federal, existem a Receita Federal do Brasil (RFB); a Secretaria do Tesouro Nacional (STN), a Controladoria-Geral da União (CGU) e o Tribunal de Contas da União (TCU); e os órgãos de controle interno das diversas unidades orçamentárias. Nas entidades subnacionais, essas atribuições cabem às secretarias de fazenda e planejamento, aos tribunais de contas estaduais e municipais (onde houver), e aos órgãos de controle interno das diversas unidades orçamentárias.

Competência tributária dos entes federados e espécies de impostos

Os artigos 153, 155 e 156 da Constituição Federal tratam, respectivamente, da competência tributária da União, dos Estados, do Distrito Federal e dos municípios. No total são treze impostos, sendo sete federais, três estaduais e três municipais. O Distrito Federal tem competência tributária equivalente à dos Estados e municípios no que tange aos tributos.

São da competência federal os seguintes tributos: Imposto de Importação (II); Imposto de Exportação de Produtos Nacionais ou Nacionalizados (IE); Imposto de Renda e Proventos de Qualquer Natureza IRPF/IRPJ (pessoa física e jurídica); Imposto sobre Produtos Industrializados (IPI); operações de crédito, câmbio, ou relativas a títulos ou valores mobiliários (IOF); propriedade territorial e grandes fortunas, este último ainda não regulamentado.

Cabem aos Estados e ao Distrito Federal os seguintes impostos: Transmissão *Causa Mortis* e Doações de quaisquer bens ou direitos (ITCMD); o de operações relativas à Circulação de Mercadorias e Serviços (ICMS); e o de Propriedade de Veículos Automotores (IPVA).

Aos municípios e ao Distrito Federal cabem os seguintes impostos: Propriedade Predial e Territorial Urbano (IPTU);

Transmissão Intervivos sobre Imóveis (ITBI); e o de Serviços de Qualquer Natureza (ISS), exclusive os cobrados pelos Estados (art. 155, II).

As disposições constitucionais são complementadas pelo Código Tributário Nacional (CTN); leis complementares; leis ordinárias; decretos-leis; decretos; portarias; resoluções e demais normas. O CTN, lei ordinária, foi recepcionado como lei complementar pela Constituição Federal de 1988 (ADCT, art. 34, parágrafo 6º). O CTN abrange as várias espécies tributárias. No total, são 63 tributos (impostos, contribuições e taxas), sendo 48 federais, 5 estaduais e 10 municipais. Presentemente, como se verá adiante, tramitam no Congresso Nacional propostas de emendas constitucionais para alterar o sistema em vigor.

As disfunções do Sistema Tributário Nacional

É consenso que o sistema tributário brasileiro é altamente regressivo, oneroso para as empresas, complexo, burocrático, caro e ineficiente em termos de arrecadação, além de permitir elevado nível de evasão e elisão fiscal. Suas principais disfunções estão na tributação do consumo, que compreende cinco incidências distintas, a maior parte de natureza cumulativa (cobrança em cascata).

O ICMS é, de longe, o mais complexo e danoso à eficiência e à produtividade, pois suas alíquotas, regimes e hipóteses de incidência se espalham por 26 Estados e pelo Distrito Federal. Os exportadores acumulam créditos que podem demorar anos para ser ressarcidos, significando um custo que retira competitividade às exportações. As normas se multiplicam de forma incompreensível. Investigações do Instituto de Planejamento Tributário (IPT) indicam que as regras do ICMS mudam setenta vezes por semana em todo o país. Está longe, portanto, do que deveria ser um bom sistema tributário: simples, equitativo, progressivo e não cumulativo.

Simplicidade

O princípio da simplicidade deve estar relacionado com a operacionalização da cobrança do tributo. Deve ser de fácil entendimento pelo contribuinte e de baixo custo de recolhimento, tanto para a pessoa física quanto para a jurídica e sem onerar em demasia os órgãos de arrecadação, fiscalização e controle.

O Brasil tem feito progressos na simplificação da arrecadação do Imposto de Renda, tanto no que tange à pessoa física quanto em relação à pessoa jurídica. Estima a Receita Federal do Brasil que, atualmente, as empresas brasileiras gastam, em média, 600 horas/ano com a burocracia fiscal, o que representa notável progresso em relação às 2.600 horas/ano estimadas, no passado, pelo Banco Mundial. Todavia, há consenso de que há muito a simplificar.

Equidade e progressividade

O contribuinte deve arcar com parcela suficiente para cobrir os custos do governo no oferecimento de bens e serviços aos contribuintes. Quem ganha mais deve pagar proporcionalmente mais e quem ganha menos deve pagar proporcionalmente menos (princípio da progressividade). Quanto maior for o peso relativo dos tributos progressivos na estrutura tributária de um país, mais equitativo e eficiente será esse sistema tributário.

No Brasil, a carga tributária em 2017 mostra como os tributos são regressivos e perversos: a incidência sobre bens e serviços (impostos regressivos) foi de 15,4%, enquanto os impostos progressivos sobre a renda, lucro e ganhos de capital, 4,5% e sobre a propriedade, 1,5%. A situação atual não mudou esse quadro.

Outra distorção, segundo a visão das entidades federadas, é a excessiva concentração das receitas tributárias no Governo Federal, sendo 55% das receitas tributárias na União, 27% nos Estados e Distrito Federal e 19% nos municípios. A pretensão dessas entidades subnacionais é que, no espaço de 8 anos, essa distribuição alcance os seguintes resultados: 49% na União, 30% nos Estados e Distrito Federal e 21% nos municípios. Entretanto, o importante não é o que as diversas esferas do governo arrecadam, mas o que cada uma recebe após as transferências intergovernamentais. A propósito, segundo o Banco Mundial, o Brasil tem um sistema de alocação de recursos públicos dos mais descentralizados do mundo, o que não deixa de causar surpresa.

Não cumulatividade

Tributo não cumulativo é aquele cujo montante pago numa etapa de circulação da mercadoria pode ser abatido do montante devido na etapa seguinte, tal como o Imposto sobre Produtos Industrializados (IPI) e o Imposto sobre Circulação de Mercadorias e Serviços (ICMS). Observe-se, contudo, que o ICMS não pode ser considerado um imposto não cumulativo no sentido clássico, por ser cumulativo em várias situações, as quais são frutos das graves distorções sofridas pela sua legislação. Exemplo: vendas tributadas por ICMS para uma empresa que não recolhe este tributo, mas que paga ISS.

Os impostos não cumulativos são o que há de mais eficiente em qualquer sistema tributário. Não interferem na otimização da alocação dos recursos produtivos nem provocam distorções nos preços relativos. Evitam a integração vertical da produção, estimulam a competição e a concorrência empresarial.

Os cumulativos, devidos em cascata, incidem em todas as etapas intermediárias do processo produtivo e de comercialização de determinado bem ou serviço. Estimulam a verticalização da produção e a concentração de atividades; afetam negativamente a competição e a concorrência e distorcem a alocação dos recursos e preços relativos. Exemplos: a Contribuição para o Programa de Integração Social (PIS); a Contribuição para o Financiamento da Seguridade Social (COFINS) e a extinta Contribuição Provisória sobre a Movimentação de Valores e de Créditos e Direitos de Natureza Financeira (CPMF). Este, reconhecidamente o pior de todos os tributos cumulativos já instituídos, inclusive pelas distorções que causa no processo de intermediação financeira (felizmente extinto).

As tentativas de reforma tributária

Em março de 1989, entrou em vigor o novo sistema tributário brasileiro instituído pela Constituição Federal de 1988. Já em agosto de 1995, o Governo Federal apresentou a PEC 175 de reforma tributária. Nos últimos 30 anos, foram inúmeras as propostas apresentadas ao Congresso Nacional sobre o assunto, umas mais abrangentes, outras tópicas. Várias melhorias foram aprovadas, mas nenhuma teve o condão de eliminar as principais distorções do sistema.

No Brasil, o que se espera de uma reforma tributária não é que aumente a arrecadação, tendo em vista a já elevada carga tributária. O desejável é que o sistema seja mais progressivo e mais desburocratizado, administrativa e legalmente, de tal forma que deixe de ser um pesadelo para os contribuintes, pessoas física e jurídica, de modo a ensejar um ambiente mais favorável aos negócios. Que seja também mais justo na alocação dos recursos entre os entes federados, objetivo que depende de reforma do pacto federativo.

Em 2019, foram apresentadas duas emendas de reforma tributária que tramitam paralelamente no Congresso Nacional: a PEC 45, na Câmara dos Deputados e a PEC 110, no Senado Federal. Em julho de 2020, o Governo Federal encaminhou a primeira fase de sua proposta de reforma tributária. A segunda será referente ao Imposto de Renda; a terceira, à criação de um imposto à moda da CPMF. Em síntese, as referidas propostas contemplam as seguintes alterações:

PEC/CD 45/2019 – Câmara Federal: cria o Imposto de Bens e Serviços (IBS), mediante a junção de cinco tributos: a) na esfera federal: Imposto sobre Produtos Industrializados (IPI); Contribuição para o Financiamento da Seguridade Social (COFINS) e o Programa de Integração Social (PIS). **Na esfera estadual**: Imposto sobre Circulação de Mercadorias e Serviços (ICMS); e na **municipal**, o Imposto Sobre Serviços (ISS).

O IBS terá uma alíquota única e não permitirá o uso de seus recursos para fins extrafiscais, como é o caso de benefícios do ICMS concedidos pelos Estados para atrair investimentos, o que interfere na alocação dos recursos e promove guerras fiscais. A arrecadação será compartilhada entre a União, Estados e municípios, obedecidas duas regras básicas: i) substituição de tributos em 10 anos; e ii) repartição de receitas em 50 anos.

PEC/SF 110/2019 – Senado Federal: propõe a extinção de nove tributos e a criação de dois novos impostos. Extinção dos seguintes impostos em **nível federal**: Imposto sobre Produtos Industrializados (IPI); Imposto sobre Operações Financeiras (IOF); Programa de Integração Social (PIS); Patrimônio do Servidor Público (PASEP); Contribuição para a Seguridade Social (COFINS); salário-educação; CIDE-Combustível; e a Contribuição Sobre o Lucro Líquido (CSLL), a ser incorporada ao Imposto de Renda, que terá alíquotas ampliadas. **Em nível estadual**, extingue o Imposto sobre Circulação de Mercadorias e Serviços (ICMS); e no municipal, o Imposto sobre Serviços (IS). Todos serão substituídos por dois novos impostos: a) Imposto sobre o Valor Agregado (IVA); e b) Imposto sobre

Operações com Bens e Serviços (IBS), ambos da competência estadual. Em nível federal, será criado um imposto seletivo sobre bens e serviços específicos (cigarros, bebidas alcoólicas etc.). Para evitar perdas de arrecadação e eventuais disparidades de receita per capita entre Estados e municípios, serão criados dois fundos. Haverá um período de transição de 15 anos para implantação do novo sistema, dividido em três etapas.

Proposta do Governo: prevê a unificação do Programa de Integração Social (PIS) com a Contribuição para a Seguridade Social (COFINS), ambos federais, em um único tributo do tipo valor agregado (IVA), com alíquota de 12%, sob a denominação de Contribuição sobre Bens e Serviços (CBS). A segunda fase constará da exclusão das deduções do Imposto de Renda e a criação de novas alíquotas. A terceira será a proposta de criação de um imposto sobre as transações financeiras à moda da antiga CPMF, o que, se efetivada, será um retrocesso no contexto de uma reforma tributária que pretende ser mais justa e progressiva.

Em fevereiro de 2020, foi instituída uma comissão mista do Congresso Nacional, formada por deputados e senadores, para unificar as propostas de emendas constitucionais sobre a reforma tributária. Dada a complexidade do assunto e a situação de anormalidade causada pela COVID-19, os trabalhos dessa comissão foram suspensos e retomados em 2021.

Em 25/06/2021, o governo encaminhou à Câmara dos Deputados uma etapa parcial da reforma tributária, tratando apenas da reforma do Imposto de Renda, a saber: atualização da faixa de isenção do Imposto de Renda da Pessoa Física; realinhamento e a criação de novas alíquotas do Imposto de Renda e a extinção da isenção sobre os dividendos.

A proposta teve o condão de desagradar a todos os segmentos interessados. Sobre o assunto vale transcrever as declarações do ex-secretário da Receita Federal, Everardo Maciel, que sintetizam muito bem a opinião dos diversos especialistas e empresários: "É uma proposta que eleva a carga tributária de quase todas as empresas, especialmente as de porte médio, e de muitas pessoas físicas, aumenta a complexidade, estimula a litigiosidade, afugenta investidores estrangeiros, induz ao aumento do endividamento das empresas, desorganiza todo o sistema empresarial brasileiro e inviabiliza setores, como o imobiliário e o de serviços. Pior impossível. É uma verdadeira contrarreforma tributária."

Apesar das falhas e imprecisões assinaladas, a proposta foi aprovada a toque de caixa na Câmara dos Deputados e encaminhada ao Senado Federal onde atualmente permanece (primeiro trimestre de 2022).

Segundo os especialistas, a maior prioridade de qualquer reforma tributária no Brasil deveria ser concedida à reformulação dos impostos incidentes sobre o consumo, tendo em vista as distorções que contaminam o ICMS e dificultam a competitividade das empresas. A esse respeito, a proposta apresentada em 05/10/2021 pelo relator da PEC nº 110/2019, senador Roberto Rocha (PSDB/MA), possui inegável mérito. Segundo a imprensa, apresenta convergência com as várias correntes por reunir o PIS e a COFINS, tributos federais, para formar um Imposto sobre o Valor Agregado (IVA), sob a sigla de CBS, contribuições sobre bens e serviços. Já o IVA subnacional reunirá o ICMS e o ISS, tributos estaduais e municipais, sob a sigla IBS, Imposto sobre Bens e Serviços. Se aprovado o voto do relator, pelo Senado Federal, a matéria volta à apreciação da Câmara dos Deputados.

Orçamento público: origem e evolução

O orçamento público federal é o instrumento de alocação e gestão das receitas e despesas fiscais de acordo com as prioridades aprovadas pelo Congresso Nacional. Estima, para o ano seguinte, a receita a arrecadar e fixa os gastos públicos. Contém as diretrizes, prioridades e metas a serem seguidas no exercício fiscal subsequente. Os mesmos princípios e técnicas aplicam-se, unificadamente, aos entes federados, em razão da legislação constitucional, complementada pelas legislações e normas federais, estaduais, distritais e municipais sobre o assunto.

A Constituição Federal de 1988 trata do sistema orçamentário nos artigos 165/169. Esses dispositivos constitucionais são complementados pelas seguintes iniciativas: Lei 4.320/1964, recepcionada como Lei Complementar; Lei Complementar 101/2000 (Lei de Responsabilidade Fiscal - LRF); normas processuais do Congresso Nacional: Resolução 01/2002 e Resolução 01/2006; Decreto-Lei 200/1967 e Decreto 93.872/1986.

No plano federal, é da competência do Ministério da Economia a elaboração das peças orçamentárias, com a estreita colaboração dos demais ministérios e secretarias com status ministerial. Cabe ao Congresso Nacional, por intermédio da Comissão Mista de Orçamento, a discussão, votação e encaminhamento da proposta orçamentária à sanção presidencial.

Nas esferas estaduais, do Distrito Federal e dos municípios, essa competência é das secretarias vinculadas ao planejamento e execução orçamentária, com a estreita participação das demais secretarias, após o que a proposta orçamentária é encaminhada às Assembleias Legislativas, à Câmara Legislativa do Distrito Federal e às Câmaras Municipais, para discussão, votação e encaminhamento à sanção dos titulares dos poderes executivos respectivos.

O artigo 165 da Constituição Federal estabelece a iniciativa do Poder Executivo de elaborar as seguintes peças orçamentárias: o Plano Plurianual de Investimentos (PPA), as Diretrizes Orçamentárias (LDO) e os Orçamentos Anuais (LOA).

O §1º desse artigo dispõe que o Plano Plurianual de Investimentos (PPA) estabelecerá, de forma regionalizada, as diretrizes, objetivos e metas da Administração Pública federal, para as despesas de capital e outras delas decorrentes e para as relativas aos programas de duração continuada. O PPA tem a vigência de 4 anos. Compreende os últimos 3 anos do governo que finda e o primeiro ano do governo que se inicia.

O §2º determina que a Lei de Diretrizes Orçamentárias (LDO) compreenderá as metas e prioridades da Administração Pública federal, incluindo as despesas de capital para o exercício financeiro subsequente, orientará a lei orçamentária anual, disporá sobre as alterações na legislação tributária e estabelecerá a política de aplicação das agências financeiras oficiais de fomento. A LDO tem prazo de vigência de um ano e deve ser aprovada com um ano de antecedência da Lei de Orçamento Anual (LOA), que tem vigência a partir do ano seguinte.

O §4º estatui que a Lei Orçamentária Anual (LOA) compreenderá: I - o **orçamento fiscal** referente aos Poderes da União, seus fundos, órgãos e entidades da Administração direta e indireta, inclusive instituições mantidas pelo Poder Público; II - o **orçamento de investimento** das empresas em que a União, direta ou indiretamente, detenha a maioria do capital social com direito a voto; III - o **orçamento da seguridade social**, abrangendo todas as entidades e órgãos a ela vinculados, da Administração direta e indireta, bem como os fundos e fundações instituídos e mantidos pelo Poder Público.

Essa arquitetura orçamentária, como salientado, é idêntica para os Estados, Distrito Federal e municípios, por disposições constitucionais e pelas leis orgânicas dos entes subnacionais.

A intenção do constituinte em estabelecer uma hierarquia orçamentária foi estabelecer um encadeamento lógico entre as diversas peças orçamentárias, de modo a assegurar a consistência entre o planejamento orçamentário de médio prazo (plurianual) com o de curto prazo (anual).

Por isso mesmo, há uma subordinação entre essas peças orçamentárias. O PPA se sobrepõe à LDO e à LOA. Assim, a LDO não pode conter dispositivos que contrariem o PPA. Em caso de conflito, prevalece o disposto no PPA. A principal função da LDO é fixar os parâmetros gerais para orientação da elaboração da LOA no ano seguinte. Logo, a LOA não pode contrariar o disposto na LDO e, por coerência, o disposto no PPA.

A rigidez das despesas da LOA

As despesas obrigatórias e quase-obrigatórias representam mais de 90% do orçamento anual (LOA). Despesas obrigatórias são aquelas que a União é obrigada a realizar por determinação constitucional e/ou legal. As quase-obrigatórias referem-se àquelas em que o governo tem um pouco mais de flexibilidade na sua execução.

Entre as obrigatórias incluem-se: as despesas salariais obrigatórias; os benefícios previdenciários do Regime Geral de Previdência Social; os benefícios da Lei Orgânica de Assistência Social; o abono salarial do seguro-desemprego; os gastos mínimos em ações e serviços de educação e saúde; as despesas do Judiciário; do Legislativo (inclusive do Tribunal de Contas da União (TCU)); do Ministério Público; e outras despesas que não podem deixar de ser pagas pontualmente.

Entre as quase-obrigatórias figuram as despesas de pessoal e encargos sociais não incluídas no grupo das despesas obrigatórias e as em que o governo pode optar por realizar ou não, tais como a concessão de reajustes reais de salários por determinado tempo e/ou de aumentos reais dos gastos de aposentadorias do Sistema Geral de Previdência Social. Conquanto sejam contingenciáveis, essas despesas podem apresentar certo grau de rigidez devido a pressões de ordem social e política.

Há, ainda, receitas de tributos vinculadas a determinados usos, transferências e fundos. São inúmeras, mas vale destacar os fundos constitucionais de financiamento ao setor produtivo, constituídos do Imposto de Renda (IR) e do Imposto sobre Produtos Industrializados (IPI), no percentual de 3%, destinados a incentivar o desenvolvimento regional, recursos alocados por intermédio do Fundo de Desenvolvimento do Nordeste (FNE), do Fundo de Desenvolvimento do Norte (FNO) e do Fundo de Desenvolvimento do Centro-Oeste (FCO).

Por haver uma tendência de as despesas obrigatórias e quase-obrigatórias crescerem a um ritmo maior que a receita de tributos, generalizou-se a prática de criação ou elevação das alíquotas das contribuições sociais, as quais entram em vigor no prazo de 90 dias após sua promulgação. Tal prática exclui os Estados e municípios desses incrementos de receitas, já que as transferências constitucionais são feitas apenas com base no Imposto de Renda (IR) e no de Produtos Industrializados (IPI).

Em síntese, apesar dos avanços das técnicas de elaboração do orçamento público no Brasil, há amplo espaço para tornar mais efetivo o cumprimento do sistema orçamentário, tais como tornar a LOA de cumprimento autorizativo para impositivo. Em realidade, há muitas despesas que já são impositivas, do que são exemplos as emendas parlamentares.

Em artigo publicado no jornal *O Estado de São Paulo*, edição de 27/09/2021, intitulado "Os custos do Orçamento Autorizativo", Maílson Ferreira da Nóbrega, ex-ministro da Fazenda, destaca os elevados custos decorrentes do orçamento autorizativo para "as empresas vencedoras de concorrências, as quais mobilizam máquinas e recursos humanos, alugam residências nas localidades e tocam as obras, mas podem ser surpreendidas por súbita parada nas liberações dos recursos orçamentários, causada por ajustes sem qualquer aviso prévio, situação que ocorre, também, em outros setores como os de ciência e tecnologia, defesa e segurança pública, em claro desacordo com os contratos firmados".

SÍNTESE DO CAPÍTULO

As finanças públicas tratam da economia do setor público. Antes da Primeira Guerra Mundial e da Grande Depressão dos anos 1930, os gastos dos governos, na maioria dos países, não eram superiores a 10% do PIB. Após os anos 1930, e com a Segunda Guerra Mundial, os gastos públicos assumiram proporções crescentes em razão das despesas associadas aos conflitos bélicos, à reconstrução pós-guerra e à implantação das sociais-democracias, com programas de bem-estar social, inovações que foram absorvidas pelos governos conservadores.

AS FINANÇAS PÚBLICAS BRASILEIRAS

No Brasil, as finanças públicas são regulamentadas constitucionalmente. A Federação brasileira é constituída da União, 26 Estados, Distrito Federal e 5.564 municípios. Cada unidade federada tem competência tributária específica sobre impostos e tributos. No total, são treze impostos: sete federais, três estaduais e três municipais. Há grande número de outros tributos nas três esferas de governo. As transferências constitucionais para o desenvolvimento de regiões são da competência do governo federal. Existe consenso de que o sistema tributário é altamente regressivo, complicado e disfuncional. Inúmeras tentativas de reforma tributária foram feitas, inclusive as que se encontram em tramitação no Senado Federal, com grande perspectiva de ser amplamente alterada em relação aos termos aprovados pela Câmara dos Deputados.

O orçamento público é regulamentado constitucionalmente. São três peças básicas: o Plano Plurianual de Investimentos (PPA), a Lei de Diretrizes Orçamentárias (LDO) e a Lei dos Orçamentos Anuais (LOA). Em nível infraconstitucional, há diversas leis que regem as normas orçamentárias. Há muitas críticas sobre o excesso de gastos obrigatórios, e pelo fato de que os orçamentos são autorizativos, e não impositivos, assim como sobre as disfunções do Imposto Estadual de Circulação de Mercadorias e Serviços (ICMS), o de maior magnitude em termos de arrecadação nacional.

ASSUNTOS E CONCEITOS PARA REVISÃO

Legislação sobre os impostos e tributos federais, estaduais e municipais. Legislação sobre as peças orçamentárias. As disfunções de ambos os sistemas. Distorções do ICMS. Orçamentos autorizativos. Orçamentos impositivos. Transferências constitucionais. As reformas tributárias.

5

MOEDA, BANCOS E INSTITUIÇÕES
FINANCEIRAS NACIONAIS

Neste capítulo, serão tratados os assuntos relacionados à moeda, aos meios de pagamentos, aos bancos, ao papel dos bancos centrais, ao Sistema Financeiro Nacional e ao Sistema do Tesouro/Secretaria do Tesouro Nacional (STN).

Origens, funções da moeda e meios de pagamentos

A invenção da moeda como convenção abstrata de valor (não confundir com a sua forma física) foi uma das grandes conquistas da humanidade, comparável ao uso do fogo, ao da tração animal na agricultura, à descoberta da máquina a vapor e outras invenções que impulsionaram a atividade econômica e os avanços da humanidade.

Antes da existência da moeda, a troca era feita diretamente de mercadoria por mercadoria, procedimento conhecido por escambo (sistema direto de trocas). Por exigir dupla coincidência de necessidade entre comprador e vendedor, relativamente às mercadorias desejadas, esse sistema complicado de trocas diretas (escambo) só foi viável enquanto as pessoas viviam em pequenos grupamentos e vilarejos em que as necessidades de subsistência provinham da agricultura, da caça e da pesca.

Dada a ausência de liquidez inerente a esse sistema (escambo), essas comunidades viviam em situação de estagnação econômica. À medida que se iniciou o processo de divisão e especialização do trabalho, houve natural evolução do escambo para o de trocas indiretas, o que foi possível com o surgimento da moeda-mercadoria como intermediária nas trocas. Exemplo, o sal, daí a palavra derivada salário.

Em meados do século XIX, a representação física das moedas passou a ter lastro metálico (padrão ouro), sistema extinto em 1914 com o início da Primeira Guerra Mundial. A paridade fixada nesse sistema era em termos de libra esterlina/ouro ou prata. Na conferência de *Breton Woods*, em 1944, o padrão ouro foi reintroduzido, com a paridade fixada em dólar norte-americano/ouro, mas foi extinto pelos Estados Unidos em 1971, com a inconversibilidade do dólar norte-americano.

Essa é a história resumida da evolução física das unidades representativas da moeda. A moeda, contudo, independe de representação física por ser basicamente uma unidade de conta. É uma convenção cada vez mais virtual, como demonstram as transações eletrônicas de transferências e pagamentos de obrigações privadas e públicas. Essencialmente, é uma unidade de crédito contra o Estado. Sem Estado não há moeda. Sua função principal é o resgate das obrigações tributárias, donde ter curso legalmente forçado na liquidação de qualquer tipo de obrigação assumida no território nacional que a emite. A tendência é a moeda física desaparecer ou ficar restrita a casos muitos específicos ou a países pobres. Em futuro próximo, será substituída pela moeda digital, que já foi criada pelas Ilhas Bermudas e pelo Brasil com o PIX. Encontra-se em estudo na China e em outros países.

Funções subsidiárias da moeda

Além de sua função principal de resgate das obrigações tributárias, a moeda tem três funções subsidiárias básicas: meio de troca, denominador comum de valor (unidade de conta) e reserva de valor. Instrumento de troca por ser de aceitação geral e por sua liquidez. Denominador comum de valores por expressar monetariamente os valores de todos os bens e serviços, eliminando a necessidade de dupla coincidência do escambo e as limitações das moedas-mercadorias, quase sempre de uso estritamente local. Reserva de valor por possibilitar a acumulação de poupança para aquisições e investimentos futuros.

Meios de pagamentos

Numa economia moderna há diversos conceitos de meios de pagamentos. O de natureza mais restrita é a base monetária (BM), constituída do papel-moeda em poder do público (PMPP) mais as reservas bancárias (RB) depositadas no Banco Central. É também conhecida como emissão primária de moeda (M_0). É oportuno salientar que a base monetária é uma variável endógena não controlável pelos bancos centrais, os quais controlam apenas a taxa de juros de curto prazo. No caso do Bacen, essa taxa de juros é a SELIC (Sistema Especial de Liquidação de Custódia).

Outro conceito muito utilizado pela política monetária é o M_1, que é o papel-moeda em poder do público (PMPP) mais os depósitos à vista nos bancos comerciais (DV). O M_1 é considerado moeda de pronta liquidez. Não rende juros.

$$M_0 = PMPP + RB$$
$$M_1 = PMPP + DV$$

Os conceitos mais amplos de meios de pagamentos incluem as quase-moedas: M_2 /M_5. São ativos de liquidez não imediata. Rendem juros, como os títulos públicos, as cadernetas de poupança, os depósitos a prazo, as letras de câmbio e as letras imobiliárias, conceitos importantes para alguns objetivos da política monetária.

> **MEIOS DE PAGAMENTOS**
>
> M_0 = PMPP + RB
>
> M_1 = PMPP + DV.
>
> M_2 = M_1 + depósitos para investimentos + depósitos de poupança + títulos privados (depósitos a prazo, letras cambiais, hipotecárias imobiliárias).
>
> M_3 = M_2 + fundos de renda fixa + operações compromissadas com títulos federais.
>
> M_4 = M_3 + títulos públicos federais, estaduais e municipais.
>
> M_5 = M_4 + capacidade aquisitiva dos cartões de crédito.
>
> (**Fonte**: BARROSO E KHODR, 2022)

A evolução das atividades bancárias e a criação do banco central

As atividades bancárias são muito antigas. A troca de moedas e a concessão de empréstimos já eram praticadas na Babilônia e nas civilizações clássicas, especialmente em Roma. A moderna atividade bancária começou na Itália renascentista. Os banqueiros, além de comprarem e venderem moedas estrangeiras, aceitavam depósitos à vista e a prazo, com base nos quais concediam empréstimos. Na Inglaterra, as atividades bancárias surgiram do costume dos ourives de aceitarem ouro e prata dos clientes para guardá-los em segurança. Em troca dos depósitos, emitiam recibos negociáveis com terceiros, os quais passaram a ter a função de papel-moeda resgatável mediante apresentação. Ao perceberem que os depositantes não sacavam seus recursos de uma só vez, os ourives começaram a fazer empréstimos com base nos recursos sob sua guarda.

No século XVI, alguns bancos comerciais foram assumindo, progressivamente, a função de emissão de moeda, característica típica de um banco central. Tais emissões eram lastreadas em ouro, prata ou títulos públicos. Segundo historiadores, o Banco da Inglaterra foi o primeiro banco central, criado em 1694.

As funções clássicas de um banco central, além das medidas de cunho prudencial, são as seguintes: banco dos bancos; garantidor, em última instância, da liquidez do sistema bancário; depositário das reservas internacionais; banqueiro do governo e guardião da moeda.

No Brasil, o Banco Central (BACEN) foi criado no final de 1964. Só em 1988, com a nova Constituição Federal, assumiu as funções típicas de um banco central, quais sejam: monopólio da emissão de moeda; banqueiro do governo; banco dos bancos; supervisor do sistema financeiro; executor das políticas monetária e cambial; depositário das reservas bancárias e das reservas internacionais, estas investidas basicamente em títulos governamentais soberanos, como é o caso das aplicações em títulos do tesouro norte-americano.

BALANÇO SIMPLIFICADO
DO BACEN

PASSIVO

1. Base Monetária

    1.1 Reservas bancárias

    1.2 Papel-moeda e moedas metálicas

2. Compromissos de recompra de títulos públicos

3. Depósitos do Tesouro Nacional

4. Patrimônio

ATIVO

1. Reservas internacionais

2. Títulos privados (redesconto, empréstimos de liquidez etc.)

3. Títulos Públicos Federais (Letras e Notas do Tesouro Nacional)

(**Fonte**: BARROSO E KHODR, 2022)

Entre 1945 e 1964, as funções de Banco Central eram desempenhadas pela Superintendência da Moeda e Crédito (SUMOC). As atribuições desse órgão eram: requerer a emissão de papel-

-moeda ao Tesouro Nacional; fixar as taxas de redesconto; autorizar a compra e venda de ouro e cambiais; orientar a política de câmbio; promover a compra e venda de títulos do governo federal no mercado financeiro e fiscalizar a rede bancária.

As funções operacionais da Sumoc eram delegadas ao Banco do Brasil S/A, que desempenhava as seguintes atribuições: agente financeiro do Tesouro Nacional; caixa único das Autoridades Monetárias; operador da Câmara de Compensação e da Carteira de Redesconto; depositário das reservas voluntárias e obrigatórias dos bancos comerciais; exercício do monopólio das operações cambiais e da fiscalização bancária. Mesmo depois da criação do Banco Central, o Brasil continuou a funcionar, durante algum tempo, com duas autoridades monetárias: o Bacen e o Banco do Brasil S/A.

A oferta monetária

A oferta monetária, no conceito amplo, é constituída pelos meios de pagamento (M_0/M_5). No conceito restrito, papel-moeda e moedas metálicas mais as reservas bancárias (base monetária). Os bancos comerciais fazem emissão secundária de moeda ao concederem empréstimos a pessoas e empresas. Se o empréstimo for atrativo, em termos de remuneração e risco, o banco saca suas reservas no Bacen ou recorre ao mercado interbancário de reservas para a realização da operação, a não ser que disponha de recursos próprios obtidos mediante depósitos à vista e a prazo. Mais recentemente, os bancos nacionais foram autorizados a emitir títulos lastreados em suas operações de empréstimos, colocando-os no mercado de capitais, como são os casos das Letras de Crédito Agropecuário (LCA), as Letras de Crédito Imobiliário (LCI), os Certificados de Recebíveis do Agronegócio (CRA) e os Certificados de Recebíveis Imobiliários (CRI).

O sistema bancário, como um todo, pode gerar a criação e destruição de meios de pagamentos de pronta liquidez. Por exemplo: há aumento de M_1 se houver transferência de depósito a prazo para depósito à vista (M_1). Há destruição se houver resgate de um empréstimo bancário, por sair dinheiro em poder do público (M_1) e retornar ao caixa do banco (dinheiro em caixa não é depósito à vista). O efeito será neutro se houver saque de um depósito à vista (M_1) para moeda em poder do público (M_1).

A demanda monetária

A demanda monetária deriva-se das necessidades que têm as pessoas e empresas de reter moeda, quais sejam: demanda de moeda para transações; demanda de moeda por precaução e demanda de moeda para especulação.

A demanda de moeda para **transações** é originada das necessidades que têm as pessoas e as empresas de efetuar suas transações diárias. A demanda de moeda por **precaução** origina-se da necessidade de as pessoas disporem de certa reserva monetária para fazer face aos pagamentos imprevistos ou para atender qualquer outra eventualidade. A demanda de moeda para **especulação** deriva-se da necessidade de manter reservas de liquidez para aproveitar as oportunidades de realização de negócios.

As duas primeiras demandas (transações e precaução) dependem diretamente do nível de renda pessoal. A demanda especulativa depende dos rendimentos dos títulos e de outras aplicações em ativos financeiros.

As taxas de juros

Segundo Keynes, a taxa de juros é uma recompensa que se deve pagar aos possuidores de riquezas para que renunciem à liquidez, ou para que não entesourem a moeda (tradução livre). Em outras palavras, é o preço a ser pago pela renúncia à liquidez. É uma taxa financeira.

As taxas de juros financeiras são variáveis econômicas importantes. Seus níveis afetam o nível de liquidez da economia, as decisões de consumo e de investimentos, a competitividade do país, as taxas de câmbio, o fluxo de recursos externos em ambas as direções e a dívida pública.

No Brasil, há várias modalidades de taxas de juros financeiras: a taxa Selic; a Taxa Referencial de Juros (TR); a Taxa Básica de Financiamento (TBF) e a Taxa de Juros de Longo Prazo (TLP, antiga TJLP).

A Selic é a taxa financeira básica de juros de curto prazo que serve de referencial para todas as demais taxas financeiras da economia. É o instrumento exclusivo de controle dos níveis de inflação em relação às metas para inflação fixadas pelo Conselho Monetário Nacional (CMN). Não resulta, pois, da interação entre oferta e procura, como acontece com as taxas de juros de médio e longo prazos, que são determinadas em função do prazo e risco.

Na condução da política monetária, além da Selic, o Bacen utiliza a taxa de juro neutra. Essa taxa é deflacionada pelas expectativas de inflação. Por definição, não induz à aceleração ou desaceleração inflacionária e pressupõe o hiato do produto zerado. Trata-se de instrumento útil para administrar a trajetória das metas para a inflação em seus desvios em relação ao centro da meta.

A TR é calculada pela média das taxas de juros dos CDBs, Certificados de Depósitos Bancários, utilizada como indexadora de contratos e para reajuste das cadernetas de poupança; a TBF é calculada de forma idêntica à da TR, mas tem um redutor menor; a TLP é utilizada pelo Banco Nacional de Desenvolvimento Econômico e Social (BNDES). Objetiva o alongamento dos prazos do mercado financeiro. Em seu cálculo, são computadas as taxas de juros da dívida externa e da dívida interna federal.

Outra taxa de juros de grande relevância econômica é a que mede o retorno real do capital investido, denominada por Keynes de eficiência marginal do capital. Não é financeira, mas estimada em função da tecnologia e de forças econômicas. Portanto, fora do controle dos bancos centrais. É a principal determinante da taxa de crescimento de longo prazo da economia. Se a taxa real de retorno de um investimento for igual ou maior que a taxa de eficiência marginal de capital, o investimento será realizado. Caso contrário, o projeto não apresentará viabilidade.

O Sistema Financeiro Nacional (SFN)

O artigo 192 da Constituição Federal dispõe que o Sistema Financeiro Nacional (SFN) é estruturado de forma a promover o desenvolvimento equilibrado do país e a servir aos interesses da coletividade. O SFN é regulado por leis complementares, as quais dispõem inclusive sobre a participação do capital estrangeiro nas instituições integrantes do sistema.

Ocupam a cúpula do Sistema Financeiro Nacional (SFN): o Conselho Monetário Nacional (CMN) e o Comitê de Política Monetária (COPOM). São órgãos pertencentes ao sistema: o Banco Central do Brasil (BACEN), a Comissão de Valores Mobiliários (CVM), a Superintendência de Seguros Privados (SUSEP) e a Superintendência Nacional da Previdência Complementar (PREVIC).

Cabe ao CMN formular as bases das políticas monetária e cambial, além de fixar as metas para a inflação. É constituído pelo ministro da Economia, que o preside; pelo secretário especial da Fazenda e pelo presidente do Bacen. Ao Copom, órgão constituído pela diretoria do Bacen, cabe fixar, periodicamente, a taxa de juros Selic, a fim de assegurar o cumprimento da meta de inflação fixada pelo CMN.

O Bacen, autarquia federal, possui autonomia administrativa e operacional e sua diretoria tem mandato fixo de 4 anos.

É responsável pela execução das políticas monetária e cambial formuladas pelo CMN. As nomeações do presidente e diretores do Bacen são feitas pela Presidência da República, sujeitas à aprovação do Senado Federal. É um órgão independente dos demais Poderes.

A Comissão de Valores Mobiliários (CVM) tem a atribuição de fiscalizar a emissão de valores mobiliários e as negociações na bolsa de valores e títulos. É órgão integrante do Poder Executivo. As nomeações do presidente da CVM e de seus diretores são feitas pela Presidência da República, sujeitas à aprovação do Senado Federal.

Cabe à Superintendência Nacional da Previdência Complementar (PREVIC), autarquia federal vinculada ao Ministério da Economia, supervisionar e fiscalizar as entidades fechadas de previdência complementar.

À Superintendência de Seguros Privados (SUSEP), órgão da Administração Pública Federal, vinculada ao Ministério da Economia, compete controlar, fiscalizar os mercados de seguros, de capitalização e de resseguros.

As instituições financeiras

As instituições financeiras são constituídas dos bancos comerciais, caixas econômicas, bancos de desenvolvimento, bancos de investimentos, bancos múltiplos, cooperativas de crédito, sociedades de crédito, financiamento e investimento (financeiras), sociedades corretoras, sociedades distribuidoras, sociedades de arrendamento mercantil, associações de poupança e empréstimo, sociedades de crédito imobiliário, investidores institucionais, companhias hipotecárias e bancos cooperativos. São entidades que, para atender seus objetivos, usam capital próprio, captam depósitos, certificados e registros de depósito, caderneta de poupança e debêntures, entre outras fontes.

Mercados financeiros

As instituições bancárias, privadas e oficiais, atuam nos mercados monetário, de crédito, financeiro, cambial, de seguros, de capitalização e de previdência.

No mercado monetário são realizadas as operações de curtíssimo prazo para suprimento das necessidades de caixa dos diversos agentes econômicos, inclusive das instituições financeiras. Esse objetivo é viabilizado pelas operações de mercado aberto (*open market*).

No mercado de crédito são atendidas as necessidades de crédito de curto, médio e longo prazos, para aquisição de bens de consumos duráveis e para atendimento da demanda de capital de giro das empresas, mediante descontos de duplicatas e outros títulos de crédito. Financiamentos de longo prazo são, em geral, concedidos pelos bancos oficiais.

No mercado de capitais, realizam-se as operações de colocação de ações, debêntures e outros títulos e valores. O mercado de capitais compreende o mercado primário e o mercado secundário. No primário, o emissor faz o lançamento de títulos novos no mercado, com vistas à obtenção de recursos para movimentação e expansão de seus negócios. No secundário, são negociadas as transferências dos títulos de um portador para outro, de forma especulativa, com vistas à obtenção de lucros. Os gestores desses recursos são considerados investidores institucionais.

No mercado cambial são cursadas a compra e venda de moeda estrangeira, incluindo o câmbio manual e a venda e aquisição de divisas pelos exportadores e importadores, para pagamentos de compromissos no exterior, assim como as compras e vendas para viagens de turismo e negócios, e as demais transações em moeda estrangeira. Essas operações são intermediadas pelos bancos e casas de câmbio.

No mercado de seguros, capitalização e previdência privada são captados recursos financeiros ou de poupanças destinados às operações de seguro, capitalização e pensões da previdência privada (poupanças de longo prazo). As entidades que geram esses recursos são consideradas investidores institucionais.

O Sistema da Secretaria do Tesouro Nacional (STN)

A Secretaria do Tesouro Nacional (STN), órgão público integrante do Ministério da Economia, gere o caixa único do governo federal. A STN cuida da administração financeira e da contabilidade federal, além de exercer as atividades de emissão e implementação de operações com títulos da dívida pública federal. Os recursos geridos pela STN são depositados no Bacen na Conta Única do Tesouro Nacional, em observância ao princípio orçamentário da unidade de caixa.

Para a realização de uma despesa, o Tesouro Nacional debita o valor correspondente na sua Conta Única existente no Bacen, que, por sua vez, credita-o no Banco do Brasil na conta mantida pelo órgão ou entidade beneficiária. O saque desse valor pelo beneficiário gera uma renda que finalmente acaba por resultar numa arrecadação tributária. Na arrecadação tributária consolidada, se as receitas tributárias ou de outra natureza (dividendos, venda de estatais e outros patrimônios, valores relativos a concessões de serviços públicos e outros) for inferior ao gasto público, haverá um déficit orçamentário, que será financiado por um aumento de dívida pública (venda de títulos públicos), emissão de base monetária, leilões de privatização, concessão de serviços públicos ao setor privado e venda de estatais não estratégicas.

O funcionamento interligado do Sistema Financeiro Nacional e do Sistema da Secretaria do Tesouro Nacional (STN) afeta, direta e indiretamente, os meios de pagamentos cursados pelo sistema bancário e, consequentemente, o nível geral de liquidez da economia.

SÍNTESE DO CAPÍTULO

A moeda é uma convenção abstrata de grande importância para facilitar as transações comerciais, por substituir a complicada troca de uma mercadoria por outra (escambo), por ser a moeda unidade de conta e reserva de valor. A moeda independe de representação física. É cada vez mais virtual, como demonstram as transações eletrônicas. Sua principal função é o resgate das obrigações tributárias, donde tem curso legal. O uso da moeda originou a criação dos bancos. No século XVI, alguns bancos comerciais foram assumindo, progressivamente, características típicas de um banco central, tais como: emissão e guardião da moeda. O Banco Central do Brasil (BACEN) foi criado em 1964. Só em 1988, com a nova Constituição, assumiu as funções de monopólio da emissão da moeda, banqueiro do governo, supervisor do sistema financeiro, executor da política monetária, depositário das reservas bancárias e internacionais. Entre 1945/64, essas funções eram desempenhadas, parcialmente, pela Superintendência da Moeda e do Crédito (SUMOC), a qual, juntamente com o Banco do Brasil S/A (BB), exerciam as atribuições de autoridades monetárias.

A Constituição Federal de 1988 instituiu o Sistema Financeiro Nacional (SFN), composto pelos seguintes órgãos: Conselho Monetário Nacional (CMN), Comitê de Política Monetária (COPOM) e o Banco Central do Brasil (BACEN). O CMN é o órgão de cúpula do SFN, formulador das políticas monetária e cambial. O Copom tem a atribuição de fixar a taxa de juros Selic, para assegurar o cumprimento da meta de inflação fixada pelo CMN. O Bacen é o responsável pela execução das políticas monetária e cambial e pela fiscalização das atividades bancárias. Há outras entidades com funções de regulação no SFN: a Comissão de Valores Mobiliários (CVM), que tem a atribuição de fiscalizar a emissão de valores mobiliários e as negociações na bolsa de valores de títulos e ações. A Superintendência Nacional da Previdência Complementar (PREVIC), que cuida, supervisiona e fiscaliza as entidades fechadas de previdência complementar. Integram, ainda, o SFN: o Banco Nacional de Desenvolvimento Econômico e Social (BNDES), o Banco do Brasil S/A (BB), a Caixa Econômica Federal (CEF), o Banco do Nordeste do Brasil S/A e o Banco da Amazônia S/A, além da rede de bancos privados e o vasto segmento das instituições financeiras de captação e intermediação de recursos e valores destinados a várias finalidades.

O Sistema da Secretaria do Tesouro Nacional (STN), órgão público integrante do Ministério da Economia, tem suas atividades interligadas ao Sistema Financeiro Nacional (SFN). Tem como atribuição gerenciar o caixa único do governo federal, cuidar da administração financeira e da contabilidade federal, exercer as atividades de emissão e de implementação das operações com títulos da dívida pública federal. Os recursos geridos pela STN são depositados no Bacen na conta única do Tesouro Nacional.

As taxas de juros têm importantes funções nas atividades econômicas. No Brasil, há várias taxas financeiras oficiais de juros: taxa Selic, taxa referencial de juros (TR), taxa básica financeira (TBF) e a taxa de juros de longo prazo (TJLP).

A Selic serve de base para a fixação das demais taxas e é o instrumento exclusivo de controle dos níveis de inflação. A TR é utilizada como indexadora de contratos e para reajustes das cadernetas de poupança. A TBF é utilizada exclusivamente como remuneração das operações realizadas no mercado financeiro. A TJLP é utilizada pelo BNDES nas operações de longo prazo. A taxa de juros neutra é estimada pelo Bacen e serve para balizar a Selic na administração das metas para inflação, relativamente aos desvios do centro da meta.

ASSUNTOS E CONCEITOS PARA REVISÃO

Moeda. Funções da moeda. Procura e oferta da moeda. Base monetária. Meios de pagamentos. Evolução das atividades bancárias. Órgãos integrantes do Sistema Financeiro Nacional (STN) e suas funções. Taxas financeiras de juros. Juros neutros. Eficiência marginal do capital.

6
AS CRISES
ECONÔMICAS

A ECONOMIA DEDICA CAPÍTULO ESPECÍFICO AO ESTUDO DOS CICLOS econômicos, fenômeno inerente às economias de mercado. As diversas fases do ciclo: pico, queda, recuperação, novo pico, não se sucedem automaticamente. Há sempre um hiato de tempo entre uma fase e outra, a depender da maior ou menor intensidade da crise, podendo a economia inclusive entrar em estado de estagnação e/ou inflação por períodos prolongados. Existe, ainda, o risco de que as recessões mais agudas e prolongadas acabem por causar severas depressões combinadas com elevados níveis de inflação (estagflação).

AS RECESSÕES

É pacífico o entendimento de que os mercados são os motores do sistema capitalista. Mas não são autorreguláveis, como entendem os clássicos e neoclássicos e os adeptos do fundamentalismo do mercado, a julgar pelas crises financeiras que se sucedem regularmente e cada vez com maior intensidade e tempo de duração, a requerer a intervenção estatal com políticas anticíclicas, dado que a iniciativa privada e a sociedade são as principais vítimas dessas crises.

> **RECESSÃO E DEPRESSÃO**
>
> Recessão técnica verifica-se quando o crescimento do PIB é negativo em dois trimestres seguidos. Em termos mais amplos, ocorre quando a demanda agregada é insuficiente em relação à capacidade instalada da economia, o que causa queda da produção, grande desemprego e ociosidade dos demais recursos produtivos. Depressão é caracterizada por um longo período de recessão, com o colapso e desorganização da atividade econômica, desemprego generalizado e, em geral, deflação com inflação.
>
> (**Fonte**: BARROSO E KHODR, 2022)

AS BOLHAS
DE MERCADO

JOHN STUART MILL (1806-1873) foi o primeiro autor clássico a analisar, de modo consistente, as crises. Segundo ele, as bolhas de mercado começam quando algum choque externo faz a especulação acontecer. Quando os preços de certos ativos sobem e fazem alguns enriquecerem, surgem numerosos imitadores. E a especulação vai além do justificável pelos movimentos iniciais de aumento dos preços, porque a onda especulativa se estende a outros bens. O sentimento geral de grandes ganhos, em curto espaço de tempo, estimula a ampliação do crédito. Os atingidos pela especulação conseguem mais crédito, porque os banqueiros se deixam contagiar pelo clima de euforia e passam a conceder novos créditos sem os lastros de garantia usuais. Os preços caem pelos mesmos mecanismos de propagação anterior e com a mesma rapidez. O pânico se generaliza e domina o mercado. A queda dos preços se dissemina do setor financeiro para o resto da economia, destruindo empresas, aumentando o desemprego e provocando o colapso da atividade econômica.

As crises recessivas têm assolado a atividade econômica através dos tempos, e suas causas são recorrentes e comuns: valorização anormal e nominal de ativos e mercadorias, perspectivas de lucros fáceis, alavancagem excessiva de recursos, bolhas especulativas criadas por crédito fácil, endividamento das famílias, estouro de bolhas, pandemias e outras catástrofes naturais. Quando ocorrem, há pânico irracional generalizado e prejuízos consideráveis para todos os segmentos da economia e da sociedade.

A crise mundial de 2007/2008

A crise mundial de 2007/2008 foi a mais virulenta recessão dos últimos 75 anos. Resultou de uma bolha especulativa originada no setor financeiro. Os seus efeitos foram catastróficos. Milhões de pessoas nos Estados Unidos e em muitos países perderam suas casas, empregos e economias. Tudo começou em setembro de 2008, com a quebra do Lehman Brothers, o quarto maior banco de investimento dos Estados Unidos.

Em realidade, a crise financeira vinha se formando antes da falência daquele banco. Em agosto de 2007, o banco francês BNP Paribas bloqueou seus fundos lastreados em hipotecas de alto risco (*subprimes*). Em setembro de 2007, foi a vez de o banco inglês Northern Rock enfrentar uma corrida a seus fundos em Londres, evento que não ocorria desde o colapso da Overend, Gurney and Company em 1866, forçando o Banco da Inglaterra a estatizá-lo. Em outubro de 2007, a Merrill Lynch, outro banco de investimento norte-americano, registrou perda trimestral de 2,3 bilhões de dólares, a maior de sua história em 93 anos.

A crise se alastrou rapidamente para outros setores da economia. Milhões de pessoas perderam suas casas ou ficaram com dívidas hipotecárias superiores aos valores de seus imóveis. Em 2008, foram executadas 1,7 milhão de hipotecas e 2,1 milhões em 2009.

As causas subjacentes à crise de 2008 foram a excessiva alavancagem de recursos, causada, simultaneamente, pelos seguintes fatores: serviços bancários paralelos; níveis elevados de securitização de recebíveis sem avaliação prudente de seus riscos e um sistema regulatório parcial, falho, fragmentado e permissivo, o que reduziu a capacidade de o Banco Central americano (FED) de identificar e debelar esses focos de instabilidade. Em consequência, o FED teve de socorrer, de forma inédita para um banco central, entidades não pertencentes ao sistema de bancos comerciais, tais como: entidades financeiras diversas, bancos de investimentos e bancos paralelos.

Havia uma suposição generalizada do mercado de que os mutuários poderiam comprar mais imóveis do que poderiam pagar, sem riscos, porque em caso de dificuldade financeira, poderiam refinanciá-los ou vendê-los com lucro. Porém, isso não aconteceu, e o sistema, aos primeiros sinais de inadimplência, começou a desmoronar rapidamente, causando pânico generalizado e prejuízos consideráveis.

> **SECURITIZAÇÃO**
>
> Securitização é uma prática financeira que consiste em agrupar vários tipos de ativos financeiros constantes dos balanços contábeis das entidades credoras, convertendo-os em títulos padronizados negociáveis nos mercados. Esses títulos são vendidos diretamente por essas entidades no mercado, assumindo o comprador o risco correspondente. É uma forma de transformar ativos não líquidos em ativos líquidos.
>
> (**Fonte**: BARROSO E KHODR, 2022)

A maior parte da expansão descontrolada de negócios irresponsáveis foi canalizada para as famílias americanas, cuja dívida hipotecária, por unidade familiar, cresceu 63% entre 2001/2007, endividamento facilitado, em grande parte, por critérios falhos na seleção dos mutuários sem a devida comprovação de renda, emprego ou posse de ativos.

O FED e o Tesouro enfrentaram os problemas de iliquidez de forma ousada e inovadora, com políticas monetária e fiscal expansionistas, conhecidas como flexibilização quantitativa (*quantitative easing* – QE). Em outras palavras, expansão da base monetária com a consequente monetização da dívida pública.

Segundo Ben S. Bernanke *et al.*, no livro *Apagando o Incêndio – A Crise Financeira e suas Lições*, entre 2009/2012, esse programa e seu desdobramento (QE 1, QE 2 e QE 3) injetou, por intermédio do FED, US$ 4,5 trilhões nos setores mais afetados pela crise, mediante emissão de reservas creditadas diretamente na conta do sistema bancário (emissão de base monetária), para irrigar a economia e ativar a demanda agregada.

O Tesouro, segundo a mesma fonte citada, injetou o equivalente a US$ 300 bilhões em cortes temporários de impostos e US$ 500 bilhões na ajuda às vítimas da recessão, em obras públicas para melhorar a infraestrutura e gerar novos empregos, na ajuda direta aos estados para evitar aumentos de impostos e de cortes orçamentários, para não agravar a recessão. A ajuda fiscal foi também estendida ao resgate das montadoras General Motors e Chrysler. No total, a indústria automobilística recebeu do Tesouro ajuda de US$ 80 bilhões.

O Banco Central europeu seguiu a mesma política de flexibilização quantitativa (*QE*) para atender aos países da União Europeia, tendo em vista que essas nações não são soberanas monetariamente (não emitem sua própria moeda), com exceção das que adotam o sistema da libra esterlina e de outros países não integrantes do euro. O Japão adotou, também, a política de flexibilização quantitativa.

Excetuando as isenções temporárias de impostos e outros subsídios fiscais, vale enfatizar que os recursos injetados no enfrentamento da crise originaram-se, sobretudo, da emissão de base monetária para irrigar a economia via compra, pelos bancos centrais, de títulos públicos e até mesmo de títulos privados, uma grande inovação da crise.

Ao contrário do previsto pelo pensamento econômico ortodoxo, as taxas de juros americanas têm se mantido muito baixas até os dias atuais (setembro de 2021), e a inflação mantida sob controle, apesar de a base monetária ter se multiplicado por um fator superior a dez e o valor do passivo do FED representar 75% do PIB. Mais recentemente, os índices inflacionários sofreram incrementos em decorrência da inflação de oferta (custos), os quais, segundo a autoridade monetária norte-americana, são de natureza provisória e desaconselham elevações mais acentuadas de juros.

A compra de títulos públicos, propiciada pela emissão de base monetária, permitiu o abatimento da dívida pública norte-americana em cerca de 10%. Observou-se fenômeno idêntico nas economias que adotaram a flexibilização quantitativa (QE), na Europa e no Japão, embora em magnitudes diferentes. No Japão, a compra de títulos públicos permitiu considerável abatimento da dívida pública.

Os resultados das políticas de expansão monetária (QE) e fiscal foram eficazes. O objetivo maior foi alcançado: evitar que uma grande recessão se transformasse numa depressão igual ou pior que a dos anos 1930, o que afetaria drasticamente a economia global dada a grande interligação dos mercados financeiros mundiais.

Nos Estados Unidos, consoante a precitada fonte, o período recessivo de 2008/2009 começou a ser superado a partir de 2010. Os preços das habitações estabilizaram-se, as vendas anuais de veículos voltaram aos níveis anteriores à crise, o desemprego caiu de 10% ao final de 2009 para menos de 4% em 2018, os lucros das empresas voltaram a crescer e a economia americana retomou as taxas históricas de crescimento. Em todos os países que adotaram a flexibilização quantitativa (QE) foi possível reduzir a participação da dívida pública em relação ao PIB, mediante a compra de títulos públicos (a emissão de base monetária não paga juros nem é contabilizada como dívida pública).

Obviamente, com a flexibilização quantitativa (QE), o risco moral assumiu potencialmente maior significado. Há, inegavelmente, a expectativa de que, em crises futuras, os agentes financeiros afetados possam contar com a cobertura dos bancos centrais e dos tesouros, a exemplo do que aconteceu na crise de 2007/2008.

> **RISCO MORAL**
>
> O risco moral caracteriza-se pelo comportamento de um agente ao não considerar, deliberadamente, os efeitos adversos de suas decisões por poder contar com a cobertura de um órgão para respaldar os prejuízos decorrentes de sua conduta inconsequente. Na crise de 2007/2008, os bancos paralelos operavam à margem da supervisão do FED e fizeram vistas grossas aos riscos de suas operações temerárias, pois apostaram que, em caso de insolvência, o FED e o Tesouro os socorreriam, o que de fato aconteceu.
>
> (**Fonte**: BARROSO e KHODR, 2022)

Para afastar problemas com crises financeiras futuras, os Estados Unidos adotaram importantes salvaguardas. Em 2010, o Congresso americano aprovou a Lei Dodd-Frank, a qual, além de impor medidas prudenciais mais restritivas, tanto para empresas bancárias como não bancárias, determinou que as operações de derivativos fossem negociadas em bolsas públicas e que fusões e concentrações bancárias não ultrapassassem mais de 10% dos passivos do sistema bancário, a fim de evitar que o risco de falência de um único banco pudesse abalar e comprometer todo o sistema (risco sistêmico). Atualmente, há crescentes críticas de que essa lei impôs limites muitos rígidos ao sistema, os quais têm dificultado a expansão dos negócios.

No plano internacional, o regime regulatório global do Acordo de Basileia III triplicou as exigências mínimas de capital para os bancos e as quadruplicou para os grandes bancos

Em março de 2021, a recém-inaugurada administração BIDEN propôs um plano ao Congresso de US$ 1,9 trilhão para atender às pessoas desempregadas, às empresas e aos demais entes federados. Mas o Congresso reduziu o plano proposto para US$ 1,7 trilhão.

As crises brasileiras de 2009 e 2014/2020

No Brasil, vários fatores podem ser apontados como causadores das crises ocorridas nos períodos mencionados: reflexos negativos da crise mundial; taxas de investimentos e de produtividade anêmicas, taxas elevadas de juros, contração de crédito, elevados níveis de endividamento das famílias, má qualidade dos gastos públicos, deterioração dos termos de troca em razão da queda dos preços das commodities, concessão pouco criteriosa de isenções fiscais. Não se pode, também, subestimar os efeitos da corrupção generalizada, com grandes desperdícios de recursos públicos.

Em 2009, o desempenho do PIB foi negativo de 0,1%, pico recessivo decorrente da crise mundial de 2007/2008. Em 2010, a economia voltou a crescer a uma taxa inédita de 7,5%. Este crescimento anormal (um ponto fora da curva) resultou, em boa parte, do efeito estatístico causado pela queda do PIB em 2009 (efeito rebote).

Entre 2011/2013, o crescimento médio anual foi da ordem de 3,0%. Contudo, em 2014, o PIB cresceu apenas 0,5%. Como a taxa de incremento da população foi de 0,8%, o crescimento da renda per capita foi negativo.

Em 2015/2016, registrou-se queda acumulada do PIB da ordem de 7%. Entre 2017/2019, o crescimento médio anual foi de 1,5%, o da população, 0,8%. Em consequência, a renda per capita cresceu apenas 0,7%. O decênio 2010/2019 foi uma década perdida, porquanto o PIB cresceu em média 0,7% ao ano. Descontado o crescimento populacional médio anual de 0,8%, o crescimento líquido per capita foi negativo.

Em 2020, com a eclosão da crise sanitária da COVID-19, o PIB teve queda de 3,9%, a maior nos últimos 30 anos. Suas consequências causaram impactos negativos na atividade econômica, no nível de emprego, na renda familiar e no incremento da pobreza.

Em 2021, o desempenho da economia brasileira foi de 4,62%. A inflação medida pelo IPCA, 10,6%, a taxa Selic, 9,25%, e a taxa média de desemprego, 11,2%. No front externo, os resultados foram positivos e as reservas internacionais totalizaram ao final do ano US$ 362 bilhões.

O projeto de lei do orçamento fiscal projetou para 2022 o crescimento do PIB em 3,24%, mas, segundo as expectativas de mercado, esse crescimento deverá ser de 0,5%, ou ainda menor. De positivo, a projeção do Bacen de que a inflação será reduzida para o nível de 6%. Entretanto, com a invasão da Ucrânia, há projeções de mercado de que alcance o patamar de 7/8%, e a taxa Selic chegue a 14,0%, em vez dos 12,75% fixados pelo Copom. Em síntese, será um ano de inflação relativamente elevada e de baixo crescimento do PIB (estagflação).

Entre 2000/2021, o investimento atingiu 20,9% em 2013, a maior marca do período, porém muito inferior a 25%, índice requerido para alcançar um desenvolvimento anual sustentado de 4% a 5%. A partir de 2014, as taxas de investimentos declinaram, atingindo o pico mais profundo em 2017 com 14,6%. No período 2018/2021, houve recuperação e, em 2021, atingiu 19,2%. Com essas baixas taxas de investimento e de produtividade, a economia brasileira não consegue manter nível de crescimento capaz de escapar da armadilha da renda média.

No presente, o que se tem de concreto são vários fatores adversos: índices de desemprego ainda elevados, cerca de 70% das famílias endividadas e grande número de pessoas sem renda e vivendo à custa de doações de alimentos. Dados do IBGE de 2020 revelam que cerca de 27 milhões de pessoas vivem abaixo da linha de pobreza, tentando sobreviver com R$ 246,00 por mês (US$ 43,95). Com a crise hídrica e as consequentes elevações nos custos de energia, inclusive dos combustíveis, essa situação tende a se agravar para as famílias de baixa renda e da classe média.

O PROCESSO INFLACIONÁRIO

O processo inflacionário caracteriza-se por aumentos contínuos, persistentes e generalizados do nível geral de preços dos bens e serviços da economia, processo que pode ser causado pela exacerbação da demanda agregada em relação aos recursos produtivos disponíveis (inflação de procura). Desequilíbrios setoriais de oferta e procura em determinados setores elevam, também, os preços de bens e serviços (pressões de custos), mas isso, por si só, não caracteriza um processo inflacionário se não causar aumento generalizado e persistente do nível geral de preços (inflação de custos).

Há diversas classificações de inflação quanto ao grau de intensidade e quanto à natureza. A inflação, quanto ao grau de intensidade, pode ser moderada, galopante e hiperinflação. Quanto à natureza: inflação de procura, inflação de oferta, também denominada de inflação de custos, inflação estrutural e inflação inercial.

Não é incomum, contudo, que o processo inflacionário envolva simultaneamente vários tipos de inflação (de procura, de oferta e inercial), como ocorre no caso brasileiro.

Quanto ao grau de intensidade

Inflação moderada

É caracterizada pelo aumento dos preços em ritmo lento. De forma arbitrária, pode ser considerada uma inflação com taxas anuais próximas de 3% ao ano. As distorções causadas por esse tipo de inflação são relativamente pequenas. O Brasil do Plano Real ainda não conseguiu manter, de modo permanente, inflações anuais de um dígito, registrando-se, periodicamente, níveis elevados de inflação a exigir altas taxas de juros, as quais causam contrações da atividade econômica e impactam a dívida pública.

Inflação galopante

A inflação é considerada galopante quando alcança dois a três dígitos, anualmente. Uma vez instalada, surgem distorções econômicas graves, tais como: indexação parcial ou generalizada dos contratos a um índice de preços ou a uma moeda estrangeira, desalinhamento dos preços relativos e mau funcionamento dos mercados como sinalizador das decisões empresariais.

Hiperinflação

É uma inflação de quatro dígitos ou mais. Há uma erosão progressiva das funções da moeda. Inicialmente, quanto à função de reserva de valor; em seguida, quanto à função de unidade de conta e, por último, como meio de troca. As consequências são a descoordenação dos preços relativos, a queda acentuada do nível de atividade econômica, o desemprego generalizado e o aumento do número de falências bancárias e empresariais. Se houver o desmantelamento das cadeias produtivas, o que geralmente ocorre, a hiperinflação pode acarretar, simultaneamente, agudas recessões (estagflação), como aconteceu na Alemanha na grande depressão dos anos 30 do século passado.

As principais hiperinflações do século XX foram nos seguintes países: Peru, em 1990, 397% ao mês; Turcomenistão, em novembro de 1993, 429%; Armênia, em novembro de 1993, 438%; China, em abril de 1949, 5.070%; Grécia, em abril de 1944, 13.800%; Alemanha, a taxa média entre 1922/1923 foi de 29.500%; Iugoslávia, em janeiro de 1994, 313 milhões por cento; Zimbábue, em novembro de 2008, 79,6 bilhões por cento; e na Hungria, entre 1945/46, num único mês, atingiu a incrível marca de 41,9 trilhões por cento. No Brasil, o auge da hiperinflação foi de 83,95% no mês de março de 1990, acompanhada por uma queda no PIB de 4,5%.

Quanto à natureza

Inflação de procura

A inflação de procura ocorre quando a procura agregada esbarra nos limites impostos pela plena capacidade instalada da economia (oferta agregada), porque o sistema não pode crescer, em termos reais, mais do que o permitido pelos recursos produtivos disponíveis (restrição imposta pela lei de escassez). É controlável pelos bancos centrais, mediante o manejo das taxas de juros de curto prazo.

Inflação de custos (oferta)

A inflação de custos é causada por qualquer fator que gere choque negativo de oferta, os quais podem ser conjunturais ou permanentes em decorrência de vários fatores: taxas elevadas de câmbio, efeitos meteorológicos adversos (quebras de safras e crises energéticas), modificações na estrutura concorrencial de determinados mercados, condições sanitárias adversas (pandemias). Esse tipo de inflação é difícil de controlar pelos bancos centrais a não ser pela imposição de elevadas taxas de juros, política que acaba por causar recessão, além de impactar o montante da dívida pública e o custo de sua rolagem.

No Brasil, a recente inflação de oferta está sendo causada pelos seguintes fatores: excessiva desvalorização cambial com reflexos negativos nos preços dos bens e serviços importados devidos às elevações abruptas dos preços dos combustíveis e de outros itens importados; a desorganização das cadeias de produção e aos elevados incrementos dos preços dos combustíveis e de energia elétrica.

Dados publicados pelo IBGE, no final de março de 2022, mostram que esses preços subiram astronomicamente: o gás veicular subiu 43% em doze meses; o gás encanado, 31%; a energia elétrica residencial, 28,3%; a gasolina, 27,7%; o gás de botijão, 25,6%. As elevações dos preços dos alimentos, 12,2% e dos bens industriais, 13,2%. Essa inflação alta e generalizada está transferindo renda do setor privado para o setor público, enquanto os rendimentos reais dos assalariados caíram quase 10% em dois anos. Para combater essas pressões inflacionárias, a opção do Bacen é elevar a taxa Selic ainda que impacte negativamente o crédito, a produção e o emprego, o que, certamente, impactará negativamente os resultados da atividade econômica em 2022.

Inflação estrutural

A inflação estrutural, concepção teórica originária da Comissão Econômica para América Latina e Caribe (CEPAL), deriva-se dos desequilíbrios estruturais que acarretam elevações desordenadas dos preços relativos, resultantes dos conflitos distributivos entre as classes sociais. Esse tipo de inflação é observável, de modo geral, na transição de uma economia agroexportadora para um modelo industrial substitutivo de importações.

Inflação inercial

É causada pelos mecanismos de indexação da economia com base nos preços, salários e contratos. A inflação passada determina níveis crescentes nos períodos seguintes. Esse tipo de inflação ocorreu no Brasil nas décadas de 70, 80 e no início dos anos 90 do século passado. É oportuno esclarecer que toda inflação tem algum resíduo inercial que se transmite aos anos seguintes. O Brasil, mesmo com o Plano Real, mantém o sistema de correção monetária para determinadas obrigações e compromissos financeiros, o que dificulta o combate à inflação.

Os impactos da inflação

A inflação afeta a distribuição de renda, a produção e a utilização dos recursos, a renda, a poupança, o investimento e os impostos.

Mudanças na distribuição de renda

As pessoas mais prejudicadas pela inflação são as que vivem de rendimentos não indexados: pensões fixas, os assalariados, os detentores de títulos públicos e privados sem correção monetária e os credores de empréstimos de prestações e juros fixos. Os maiores beneficiários são os devedores de empréstimos e títulos sem indexação monetária. A inflação acarreta, portanto, redistribuição de renda e, consequentemente, do estoque de riqueza da sociedade, aumentando as disparidades de renda (no Brasil, os 10% mais ricos detêm 43% da renda, segundo dados do IBGE de 2020).

Mudanças na produção e na utilização dos recursos

A inflação estimula o uso dos recursos de forma especulativa ou antieconômica, ao alterar o sistema de preços relativos. Esse problema é mais sério na inflação galopante e nas hiperinflações. As empresas podem apresentar situações lucrativas independentemente de seu desempenho real e de sua eficiência produtiva (resultados ilusórios). O planejamento para o futuro torna-se difícil ou mesmo inviável, por ser impossível fazer projeções acuradas dos preços e suas tendências, em especial no médio e longo prazo.

Efeitos na concentração de renda

A inflação transfere renda dos assalariados para os detentores do capital e para o governo, o qual, não raramente, taxa os rendimentos salariais em bases correntes, aumenta o endividamento dos assalariados e inibe seu acesso aos manufaturados de maior densidade tecnológica, estreitando o mercado para esses tipos de bens.

As políticas brasileiras de combate à inflação

Entre 1986/1991, foram executados vários planos de estabilização. Os resultados foram os seguintes: Plano Cruzado, em 1986, inflação de 77,7%. Plano Bresser, em 1987, 398,5%. Plano Verão, em 1989, 2.426,1%. Plano Collor I, 1989, inflação de 422,8%; plano Collor II, em 1991, inflação de 497,3%.

Todos esses planos adotaram políticas de controle e congelamento de preços. Os fracassos dessa estratégia deveram-se ao desequilíbrio dos preços relativos em razão da falta de sincronia dos reajustes, ao desabastecimento dos produtos com preços reais defasados e às pressões setoriais para romper o congelamento de preços. O controle e congelamento de preços causaram, simultaneamente, inflação de procura e oferta (desabastecimento de mercadorias) somados aos efeitos inerciais da inflação passada.

Em julho de 1994, foi implantado o Plano Real, que foi mais bem-sucedido que os seus antecessores no esforço de eliminar a inflação inercial. Sua execução compreendeu três fases: na primeira, foi criada a Unidade Real de Valor (URV). A URV serviu de referencial de preços (unidade de conta), com base na qual os preços da economia foram fixados. A segunda fase consistiu na adesão voluntária a essa nova moeda até a extinção da moeda velha (cruzeiro real). Na terceira fase, a URV se transformou no real e o cruzeiro real foi extinto.

Inicialmente, foi adotado o sistema de câmbio fixo como âncora inflacionária (1US$=1R$). Em 1999, ante a crescente onda especulativa contra o real, o sistema de câmbio passou a ser flutuante, e a inflação a ser ancorada em metas de inflação a serem perseguidas pelo Bacen, mediante o manejo da taxa básica de juros de curto prazo (Selic).

Após o Plano Real, na década de 2000/2009, os índices de inflação, medidos pelo IPCA, na maioria dos anos, foram de dois dígitos, obrigando o Bacen a praticar elevadas taxas Selic para conter a inflação. Em 2003, a Selic atingiu o pico de 26,32. Na segunda metade do decênio, as taxas Selic ainda foram de dois dígitos, contudo, inferiores à década 2000/2009. Na segunda metade desse período, em especial entre 2015/2016, as taxas Selic foram, em média, de 14%. No restante da década, ficaram no patamar de um dígito, atingindo o índice de 1,90% nos meses de agosto/outubro de 2020. Entre outubro/dezembro de 2021 e o primeiro trimestre de 2022, devido ao rápido recrudescimento inflacionário, a taxa Selic quase sextuplicou, passando de 2% para 11,75%. Há projeções de mercado de que poderá atingir o patamar de 14% no final do ano.

Em conclusão, o Brasil ainda é um país de nível inflacionário elevado, apesar dos avanços da política monetária, em especial após o Plano Real. Não seria temerário admitir que essa resiliência inflacionária se deve à correção monetária ainda existente e aos elevados custos decorrentes dos grandes gargalos da infraestrutura econômica, dos custos de energia, da insuficiência da rede de armazenagem das safras e dos meios de transporte, entre outros (custo Brasil).

SÍNTESE DO CAPÍTULO

Os mercados são a essência do sistema capitalista, mas não são autorreguláveis a ponto de prescindir das políticas regulatórias, dos investimentos públicos em obras de infraestrutura, da cobertura das falhas de mercado, das políticas distributivas de renda, das políticas anticíclicas nas crises econômicas e das políticas incentivadoras do progresso econômico.

Exemplo mais recente das turbulências que afetam a estabilidade econômica foi a crise recessiva mundial de 2007/2008, que obrigou o FED e o Tesouro americano a intervir na economia, mediante políticas fiscais e monetárias expansionistas, conhecidas como flexibilização quantitativa da moeda (emissão de base monetária), política seguida por vários países desenvolvidos.

A crise recessiva brasileira de 2009 foi reflexo da crise mundial de 2007/2008. As de 2014/2020, além dos reflexos remanescentes da precitada crise mundial, foram agravadas por vários fatores endógenos: elevadas taxas de juros, taxas anêmicas de investimentos e de produtividade, elevados níveis de endividamento das famílias, má qualidade dos serviços públicos, deterioração dos termos de troca e, por último, a crise pandêmica que flagelou e ainda fragiliza a economia e os segmentos mais carentes da população.

A inflação é outro tipo de crise de efeitos letais a requerer a intervenção estatal. Há vários tipos de inflação quanto ao grau de intensidade (inflação moderada, galopante e hiperinflação) e quanto à natureza: inflação de procura, de oferta, estrutural e inercial. Os efeitos da inflação impactam negativamente a distribuição de renda, em especial dos mais pobres, a produção e a utilização dos recursos produtivos, ao produzir resultados ilusórios da real situação das empresas; desorganiza as relações de troca e dificulta o planejamento empresarial. Com a inflação, a moeda perde seu importante papel de reserva de valor.

Entre 1986/1991, o Brasil implementou vários planos de combate à inflação galopante que minava a economia: Plano Cruzado em 1986, Plano Bresser em 1987, Plano Verão em 1989, Plano Collor I em 1989 e Plano Collor II em 1991. Todos esses planos adotaram medidas de controle e congelamento de preços, os quais, apesar dos resultados positivos iniciais, acabaram por fracassar.

Em junho de 1994, foi implantado o Plano Real, que conseguiu relativa estabilidade de preços nos anos posteriores ao eliminar os efeitos inerciais da inflação. O atual recrudescimento inflacionário, eclodido a partir de março de 2021, tem sido causado por inflação de oferta (custos) devida aos seguintes fatores: desarticulação das cadeias de produção e desmobilização de estoques, desequilíbrio entre a demanda e a oferta dos mercados de commodities, desvalorizações cambiais, com forte elevação nos preços dos produtos importados, em especial dos combustíveis, crise hídrica/energética, instabilidade política e seus reflexos negativos na desvalorização do real frente ao dólar. Para combater esse súbito e rápido surto inflacionário, o Copom, em menos de um ano, quase sextuplicou a taxa Selic, a qual passou de 2,0% em janeiro de 2021, para 11,75% no final do primeiro trimestre de 2022. A projeção oficial é de 12,75% ao final do ano, mas o mercado estima que poderá atingir o patamar de 14%.

ASSUNTOS E CONCEITOS PARA REVISÃO

O ciclo econômico. Bolhas de Mercado e as recessões. A crise mundial de 2007/2008: causas e políticas adotadas. Risco Moral. As crises brasileiras de 2009 e 2014/2020: causas e efeitos. Processo inflacionário. Os impactos negativos da inflação na atividade econômica. As políticas brasileiras de combate à inflação. O Plano Real. O atual recrudescimento inflacionário brasileiro e a política monetária e fiscal a adotar, enquanto perdurar o descontrole inflacionário.

7
POLÍTICAS
ANTICÍCLICAS

As economias de mercado, como dito, são inerentemente instáveis. Períodos de prosperidade econômica sucedem-se por tempos difíceis de recessão, desemprego e inflação e, às vezes, pela combinação de inflação com recessão ou estagnação (estagflação). Não raramente, períodos de aguda estagnação e de fortes pressões inflacionárias podem durar por tempo demasiadamente longo.

Para os pensadores das escolas clássica, neoclássica e para os adeptos do fundamentalismo de mercado, as forças de mercado são suficientes, por si só, para restabelecer a ordem natural da economia. Pode até ser verdadeiro, mas, certamente, requer tempo demasiado longo e exige grandes sacrifícios dos assalariados e dos mais pobres até que as forças naturais do mercado, mediante a destruição criativa, possam gerar as condições indispensáveis às mudanças indutoras das novas condições de estabilidade econômica.

Modernamente, entre os economistas que rejeitam a intervenção estatal, destaca-se Milton Friedman, cujas ideias foram postas em prática pela ex-primeira-ministra britânica Margaret Thatcher (1979/1990) e pelo ex-presidente norte-americano Ronald Reagan (1981/1989), para quem o governo não é a solução, mas o problema. Entre os defensores da intervenção estatal, merecem menção, pela grande contribuição teórica, os economistas John Maynard Keynes e, mais recentemente, Paul Samuelson e Paul Krugman, entre outros. Independentemente do que entendem as diversas correntes do pensamento econômico, a intervenção estatal é uma realidade. O importante é o Estado ser eficiente ao complementar a iniciativa privada no esforço de assegurar e criar as condições indispensáveis à mobilidade socioeconômica da classe média e dos mais pobres e ensejar sua maior participação na renda nacional, sem o que será inviável alcançar o objetivo último de uma sociedade democrática, que é o bem comum.

A seguir, serão tratados os diversos instrumentos de política econômica, tanto em condições normais de funcionamento da economia quanto nas recessões e nos períodos de inflação.

INSTRUMENTOS DE POLÍTICA ECONÔMICA

Política monetária

Os instrumentos utilizados no Brasil para cumprir os objetivos da política monetária são a taxa SELIC (Sistema Especial de Liquidação e Custódia), a base monetária, o depósito compulsório dos bancos comerciais, o redesconto de liquidez e o regime de metas para inflação fixado pelo Conselho Monetário Nacional (CMN), bem como as medidas de natureza prudencial.

A taxa de juros Selic, como visto, é o instrumento de política monetária que o Bacen utiliza para controlar a inflação dentro das metas fixadas pelo Conselho Monetário Nacional (CMN).

Para tanto, cabe exclusivamente ao Bacen, ao longo do dia, fazer o ajustamento das posições compradas e vendidas no mercado de reservas bancárias. Esse nivelamento diário é feito pelo Bacen mediante fixação da taxa de juros dos empréstimos interbancários de um dia (*overnight*), a chamada taxa Selic Over. Essas operações são garantidas por títulos do Tesouro Nacional (operações compromissadas).

Base monetária

A base monetária, ou emissão primária de moeda (moeda, papel-moeda e reservas bancárias) funciona como instrumento de expansão e contração da liquidez. Aumentos da base monetária incrementam a liquidez da economia. Reduções são contracionistas.

Anteriormente a 1990, a base monetária era, equivocadamente, utilizada como instrumento de controle da inflação, sob a suposição de que a moeda era uma variável exógena, pressuposto básico da ultrapassada Teoria Quantitativa da Moeda (TQM), a qual se fundamentava no pretenso nexo de causalidade de que aumentos de emissão de moeda teriam impacto direto nos preços. Entretanto, por ser a moeda uma variável endógena, a quantidade de dinheiro não determina diretamente a inflação, mas é a inflação que determina a quantidade de dinheiro para manter o nível desejado de liquidez da economia.

Depósito compulsório e o redesconto

Os depósitos compulsórios constituem reservas nas contas que cada banco comercial mantém no Bacen. As alíquotas percentuais de recolhimento sobre os depósitos bancários variam em função da natureza e dos prazos dos depósitos. Nos depósitos à vista, as alíquotas são menores; maiores nos depósitos a prazo e de poupança. Os recolhimentos compulsórios dos depósitos à vista não são remunerados pelo Bacen; os a prazo, com a taxa Selic. Esses depósitos têm diferentes impactos na contração ou expansão da liquidez. Quanto menores as alíquotas, maior a liquidez do sistema, as taxas de juros são menores e os bancos emprestam mais. Quanto maiores, menor a liquidez, maiores os juros e os bancos emprestam menos.

Os redescontos seletivos e de liquidez são empréstimos efetuados pelo Bacen aos bancos comerciais que apresentam insuficiência de caixa. A Selic é a taxa de redesconto cobrada e mais uma taxa adicional, que varia segundo o prazo da assistência financeira. São menores nos redescontos de 1 dia; crescentemente maiores nos de 15 e 90 dias. Esses recolhimentos são importantes instrumentos de expansão e contração de liquidez da economia. Taxas menores têm efeitos expansionistas, aumentam a liquidez do sistema, reduzem as taxas de juros e os bancos são induzidos a emprestarem mais. Taxas maiores reduzem a liquidez, elevam os juros e desestimulam os empréstimos bancários.

Regime de metas para inflação

O regime de metas para a inflação, fixado em ambiente de transparência e credibilidade, é importante instrumento de política monetária por ancorar as expectativas dos agentes econômicos, fator indispensável ao controle do nível geral de preços.

Com base no IPCA, o CMN define a meta anual básica para inflação, mediante tolerância de variação percentual para cima e para baixo. A meta para 2020 foi definida em 4%, com tolerância de variação de 1,5% para cima e para baixo. Para 2021/2022, os centros das metas são, respectivamente, de 3,75% e 3,5%, com intervalos de tolerância de 1,5%. Para 2023, a meta foi definida em 3,25%, com tolerância de 1,5%. Essas projeções são importantes, como afirmado, para balizar as expectativas dos agentes econômicos.

No caso de a meta ser descumprida, como em 2020, o presidente do Bacen fica obrigado a enviar carta aberta ao ministro da Economia explicando as causas do descumprimento, as medidas a serem adotadas para assegurar o retorno aos níveis de tolerância definidos pelo CMN e o período necessário para tanto.

Trimestralmente, o Bacen publica relatório mensal de inflação com informações sobre o regime de metas, os resultados das ações de política monetária e as perspectivas sobre a inflação. Tais informações asseguram a transparência e a credibilidade do sistema, condições indispensáveis à ancoragem da inflação.

Política fiscal

Cabem, constitucionalmente, aos Poderes Executivo e Legislativo, a formulação e a execução da política fiscal. É da competência exclusiva do Executivo o encaminhamento da proposta orçamentária ao Congresso Nacional e das leis de natureza fiscal e orçamentária. A execução da política fiscal afeta diretamente o PIB, os níveis de renda das pessoas, dos agentes econômicos e do emprego.

O impacto da política fiscal é exercido por meio de três funções básicas clássicas em ciências das finanças públicas: alocação, distribuição e estabilização.

Por intermédio da função de alocação de recursos, é possível garantir os direitos humanos: saúde, educação, alimentação básica, saneamento básico, moradia, infraestrutura urbana, meio ambiente e agricultura familiar, entre outros. Essa função é também de fundamental importância na cobertura das "falhas de mercado" em regiões e atividades que não são atrativas à iniciativa privada, mas de evidente interesse público e social.

A função distributiva decorre da incapacidade de o mercado conduzir a sociedade a uma distribuição de renda justa e equitativa. Os instrumentos que exercem essa função são os impostos progressivos, as transferências públicas monetárias para as pessoas em situação de pobreza, desempregados e idosos carentes.

A função estabilizadora busca influenciar o nível de produção, renda e emprego. A lógica dessa função é simples: quando há desemprego, cabe ao governo ativar a demanda agregada, mediante aumento dos gastos fiscais até que seja alcançado o pleno emprego. No caso de pressões inflacionárias, o governo deve cortar gastos e aumentar os impostos, para reduzir a demanda agregada e estabilizar o nível geral de preços.

Todavia, como comentado, a situação torna-se mais complexa se a inflação for de custo (oferta), tendo em vista que, do ponto de vista fiscal, há necessidade de redução das despesas obrigatórias, na redução de subsídios e isenções fiscais, a fim de criar espaços para, em conjunto com a iniciativa privada, investir nos gargalos da infraestrutura, em educação básica e profissional e em ciência e tecnologia, sem o que não haverá incrementos de produtividade.

Para exercer suas múltiplas funções, a política fiscal utiliza vários instrumentos, tais como os tributos e outros recolhimentos, para financiar os gastos correntes e os investimentos públicos, obedecidos os parâmetros legais sobre a execução orçamentária, entre os quais se destacam os da Lei de Responsabilidade Fiscal (LC 101/2000) e o teto orçamentário de que trata a Emenda Constitucional 95/2016.

Orçamento público

A Lei Orçamentária Anual (LOA) é o instrumento operacional do planejamento, alocação e gestão das receitas e gastos fiscais de acordo com as prioridades aprovadas pelo Congresso Nacional. É a lei infraconstitucional mais importante do país, por contemplar as escolhas e prioridades públicas de alocação dos recursos fiscais e por balizar ao setor privado as oportunidades de mercado a serem criadas pelo setor público.

Ao contrário do fundamentalismo da austeridade fiscal, de caráter recessivo, o equilíbrio orçamentário não é um fim em si mesmo, porquanto deve espelhar as prioridades da sociedade e não pode omitir o papel do Estado diante da inflação, do desemprego e da ociosidade da economia, fatores que penalizam, sobretudo, os segmentos mais carentes da sociedade e aprofundam os níveis de pobreza.

Tributos

Aumentos ou redução dos tributos têm importantes impactos na liquidez do sistema econômico. Transferem liquidez do setor privado para o setor público e vice-versa. Os aumentos têm efeito contracionistas de liquidez. A redução expande a liquidez. Se os gastos do governo forem ineficientes do ponto de vista econômico e social, investimentos públicos essenciais podem deixar de ser realizados, impactando negativamente o crescimento econômico.

Conquanto a concessão de incentivos fiscais aumente a liquidez das empresas, cuidados especiais devem ser dispensados na concessão e administração desses benefícios, pois permitem a formação de verdadeiras barreiras à entrada no mercado de empresas inovadoras mais eficientes e diminuem a competitividade da economia.

Superávits / déficits fiscais

Superávits e déficits fiscais são medidas de resultados de desempenho fiscal, além de importantes instrumentos de controle de liquidez da economia.

Superávits fiscais injetam liquidez no setor privado, em razão dos pagamentos efetuados pelo setor público para financiar os gastos de investimentos em obras de infraestrutura, pagamento de salários, aquisição de materiais, insumos e serviços, amortizações e pagamentos de juros aos credores da dívida pública, transferências de renda para as famílias carentes, isenções fiscais, outras despesas correntes e aquisição de títulos públicos da dívida pública.

Déficits fiscais são transferências de liquidez do setor privado para o setor público. Correspondem a financiamentos do setor privado ao setor público para cobrir gastos a descoberto. Essas transferências, no consolidado, constituem a dívida pública, e os juros pagos são renda financeira das famílias e das empresas. Em outras palavras, a dívida pública constitui riqueza financeira privada dos credores, nacionais ou estrangeiros (no Brasil, 95% dos credores da dívida pública são nacionais).

Lei de Responsabilidade Fiscal (LC 101/2000)

A Lei de Responsabilidade Fiscal (LRF) estabelece normas de finanças públicas que devem ser observadas no controle dos gastos públicos nas diversas esferas de governo federal, estadual, distrital e municipal, obrigando-os a cumprir os limites fixados para as despesas do exercício fiscal e para os níveis de endividamento dos entes federados, além de determinar o estabelecimento de metas fiscais. Esses entes devem submeter suas contas aos respectivos tribunais de contas. No caso de rejeição, os responsáveis ficam sujeitos a penalidades administrativas e políticas.

Trata-se, pois, de importante instrumento de gestão fiscal no que tange à prioridade e à qualidade dos gastos públicos, os quais, vale enfatizar, devem estar orientados para os fins de maiores retornos econômicos e sociais, ou seja, para otimização do bem comum.

Apesar dos resultados positivos alcançados com a LRF, o seu rigoroso cumprimento não tem sido observado, sendo frequentes os desvios de finalidade propiciados pela "contabilidade criativa" e por "pedaladas fiscais", em alguns casos, com a conivência dos tribunais de contas estaduais para manipular o descumprimento de metas.

Teto de Gastos do Governo Federal (EC 95/2016)

O teto de gastos de que trata a Emenda Constitucional 95/2016 determina que, durante 20 anos, a partir de 2017, o máximo das despesas primárias do governo (incluídos os restos a pagar e demais operações que afetam o resultado primário) deve ser igual ao do orçamento fiscal do ano anterior, corrigido pelo IPCA dos 12 meses entre julho do ano anterior e junho do exercício fiscal em que o projeto da LOA é submetido ao Congresso. Esse teto aplica-se apenas ao governo federal, mas afeta, indiretamente, os gastos das entidades subnacionais, porque muitas das transferências da União para os entes subnacionais, como é o caso do Sistema Único de Saúde (SUS), sofrem a incidência do teto.

O teto de gastos é objeto de muita controvérsia. De um lado, os favoráveis, respaldados na necessidade de reequilíbrio fiscal a qualquer custo. Do outro, sofre duras críticas por ser de natureza contracionista e, por isso mesmo, instrumento inadequado nas conjunturas recessivas.

Há críticas também quanto ao seu prazo de vigência (20 anos), por ser demasiado longo, o que restringe, segundo os críticos, a ação do Estado no enfrentamento das grandes carências estruturais, econômicas e sociais, como é o caso do Brasil, mergulhado em prolongada estagnação.

Em 21/10/2021, foi proposta pelo relator da PEC 23/2021 (PEC dos Precatórios), deputado Hugo Motta, alteração da periodicidade do IPCA do teto de gastos para efeito de cálculo da inflação (de julho/junho para janeiro/dezembro), com vistas a abrigar o benefício familiar de R$ 400,00 no novo programa de Auxílio Brasil, em substituição ao Bolsa-Família.

Segundo Felipe Salto, diretor-executivo da Instituição Fiscal Independente (IFI), do Senado Federal, o teto de gastos hoje exerce a função de ancoragem fiscal das expectativas, mas, com a alteração proposta, vai deixar de existir, como ocorreu no governo Dilma. Alega, ainda, que essa alteração vai aumentar os juros e a queda do crescimento econômico e onerar os contingentes mais pobres da população (*Correio Braziliense*, edição de 26/10/2021).

Na opinião geral dos defensores do teto de gastos, o furo do teto constitui verdadeira licença para gastar e terá efeitos negativos nas expectativas empresariais, ao gerar insegurança no mundo dos negócios e nos investidores estrangeiros. Ademais, alegam que a periodicidade, originalmente estabelecida, fundamentava-se na necessidade de sincronização com a elaboração da Lei de Orçamento Anual (LOA). Com a mudança, o Congresso aprovará essa lei sem conhecer o teto de gastos, o que exigirá alterações posteriores para conter possíveis excedentes de gastos.

Em nosso entender, não haveria necessidade do teto de gastos, se o orçamento fiscal fosse impositivo e cumprido rigorosamente, por tratar-se de obrigação legal. Nos países em que as leis são cumpridas, o orçamento impositivo constitui a principal âncora fiscal.

No Brasil, a LOA, por ser autorizativa, é tida como peça de ficção, sendo alterada constantemente ao sabor das pressões eleitoreiras. Não é de estranhar, portanto, que o novo teto de gastos, também por pressões populistas, sofra alterações. Aliás, o descumprimento de regras legais é um dos traços mais comuns do subdesenvolvimento econômico e cultural do Brasil.

Política cambial

As transações cambiais têm diferentes impactos na liquidez da economia, a depender do comportamento da conta de transações correntes do balanço de pagamentos. Quando o governo vende divisas, contrai a liquidez. Na compra, expande. Por isso, as taxas de câmbio têm peso considerável como instrumento de controle da inflação. Desvalorizações cambiais acentuadas encarecem as importações e dificultam o controle das pressões inflacionárias decorrentes dos custos dos bens importados, em especial dos combustíveis (gasolina, diesel, gás e outros produtos derivados).

O crescimento equilibrado da economia pressupõe que as taxas de câmbio estejam alinhadas com as políticas monetária e fiscal, sobretudo com a monetária. Basicamente, há dois grandes tipos de regime cambial, o de taxas fixas e o de taxas flexíveis. Entre esses extremos, podem existir taxas intermediárias ajustadas conjunturalmente, mediante intervenções pontuais do Bacen, comprando ou vendendo divisa no mercado cambial.

No regime de câmbio fixo, as oscilações da demanda e da oferta de divisas não repercutem sobre a taxa de câmbio, mas incidem sobre as reservas internacionais. No câmbio flutuante, há liberdade cambial, e as oscilações não afetam as reservas cambiais.

Entre 1994/1997, durante o Plano Real, o Brasil praticou uma política de câmbio fixo, como âncora anti-inflacionária. A partir de 1998, devido à insustentabilidade desse regime, em face de movimentos especulativos contra o real, o país adotou o sistema de câmbio flutuante, com intervenções pontuais periódicas.

Em situações de desequilíbrio entre demanda e oferta de divisas, podem ocorrer acentuadas desvalorizações cambiais, situação que causa inflação de custos decorrente do encarecimento das importações, sobretudo, se os preços internacionais dos combustíveis estiverem em rápida ascensão.

O comportamento do real frente ao dólar norte-americano é muito afetado pelo que acontece no exterior. Quando o mundo está muito avesso aos riscos, os investidores tomam a decisão de fazer retiradas nos mercados dos países emergentes e alocá-los em mercados mais seguros. Com menos dólares nos mercados emergentes, sua cotação sobe. Outro fator que agrava essa situação, no Brasil, é a insegurança e a incerteza dos empresários diante das frequentes alterações nas normas legais (insegurança jurídica).

Todos esses fatores adversos têm incentivado a fuga de recursos externos do Brasil. Segundo o jornal *O Estado de São Paulo*, edição de 27/09/2021, os exportadores brasileiros retêm US$ 46 bilhões no exterior, o equivalente a 77% dos aportes previstos de investimentos estrangeiros no país em 2021, situação agravada com a anunciada tributação de 20% sobre os dividendos. Em consequência desses fatores, a cotação do dólar norte-americano bateu frequentes recordes, atingindo, em 31/12/2021, o valor de compra de R$ 5,5799 e para o de venda, R$ 5,5805.

Todavia, no primeiro trimestre de 2022, o valor do dólar norte-americano passou a cair para níveis inferiores às cotações de 31/12/2021, em razão das elevações dos juros e dos preços das commodities. Devido a esses fatores, registrou-se, no primeiro trimestre de 2022, o ingresso de capital externo na bolsa de valores de US$ 92 bilhões (jornal *O Estado de São Paulo*, edição de 31/03/2022).

Políticas de renda

Políticas de renda referem-se ao conjunto de medidas, conjunturais e estruturais, relacionadas à ocupação da mão de obra, à participação dos salários na renda nacional e aos programas de compensação e de redistribuição de renda aos menos favorecidos.

Tipos de desemprego

O desemprego conjuntural decorre da insuficiência da demanda agregada e de seus efeitos recessivos. O empresariado procura ajustar a sua força de trabalho às perspectivas de mercado. Não é um ajustamento instantâneo, porquanto financeiramente acarreta elevados custos para os empregadores devido às indenizações trabalhistas e à perda de pessoal treinado.

A depender da intensidade da recessão e do desemprego, configura-se uma situação de calamidade social a requerer medidas emergenciais do governo de proteção às famílias de baixa renda, expansão do seguro-desemprego, auxílio às empresas e às unidades federadas, para compensar, se for o caso, a perda de arrecadação tributária, tudo com vistas a ativar a demanda agregada.

O desemprego friccional caracteriza-se pela dinâmica natural de pessoas saindo de determinadas ocupações e ingressando em outras. É o chamado desemprego natural. Não causa problemas socioeconômicos de monta, por ser esse giro de mão de obra financiado normalmente pelo seguro-desemprego.

O desemprego estrutural ocorre principalmente na esteira de rápidas transformações tecnológicas resultantes dos incrementos de produtividade total dos fatores de produção. Ocupações até então inexistentes substituem as antigas (destruição criativa). Essas substituições podem constituir sérios problemas socioeconômicos, se os programas de educação básica, profissional e superior, não tiverem a escala requerida e a qualidade desejada e se o sistema jurídico não for suficientemente flexível para permitir mudanças na legislação trabalhista.

Outro fator são as transformações estruturais na composição etária devido ao declínio das taxas de crescimento populacional, que requerem profundas mudanças nas políticas de emprego, de formação profissional e de previdência e assistência social.

O Brasil é um exemplo dos problemas a serem enfrentados nas próximas décadas, tendo em vista o forte declínio das taxas de crescimento da população no espaço de menos de 50 anos. Estima-se que o País alcançará a população máxima em 2050, a partir de quando começará a declinar. Por conseguinte, maior será o contingente de idosos na composição da pirâmide populacional e menor a de jovens de até 15 anos de idade. O mais preocupante é que o governo federal e os entes subnacionais pouco têm feito para enfrentar os grandes desafios em matéria de educação básica e profissionalizante, sem o que será difícil criar empregos de qualidade na escala requerida pelo progresso econômico sustentado e inclusivo.

Remuneração do trabalho

Nos países desenvolvidos, a remuneração do fator trabalho corresponde, em média, a dois terços da renda nacional. No Brasil, foi de 43,6%, no biênio 2008/2009 (Boletim 47 do Instituto de Pesquisa Econômica Aplicada - IPEA). Essa baixa participação está relacionada à qualidade da mão de obra, à baixa produtividade do fator trabalho e à grande concentração de renda. Baixas rendas provenientes dos salários limitam a expansão dos mercados de bens e serviços de maior qualidade tecnológica, além de restringir as possibilidades de o sistema industrial alcançar níveis crescentes de competitividade.

Programas de proteção social

São importantes instrumentos de assistência aos mais carentes, especialmente nas recessões, mediante a injeção de liquidez e ativação da demanda agregada, o que acaba por incentivar toda a atividade econômica, ao aumentar a produção, a renda e o emprego.

AS POLÍTICAS ANTICÍCLICAS E SEU EMPREGO EM SITUAÇÕES DE PROSPERIDADE, RECESSÃO E INFLAÇÃO

Cada fase do ciclo econômico requer um conjunto específico de políticas econômicas, tendo em vista os níveis de liquidez requeridos pela atividade econômica. Não raro, pode haver conflitos entre as medidas de política econômica, como ocorreu no governo da ex-Presidente Dilma, em que a política fiscal expansionista foi de encontro a uma política monetária contracionista, causada por elevadas taxas de juros Selic, o que gerou recessão com inflação (estagflação). Atualmente, existe o mesmo risco, pois o Bacen, por dever legal, não pode deixar de elevar a taxa Selic para conter o recrudescimento inflacionário, enquanto o furo do teto orçamentário expandirá, certamente, os gastos públicos para atender às demandas populistas/eleitoreiras.

A seguir, examinam-se os diversos instrumentos de política econômica a serem postos em prática nas diversas fases do ciclo econômico.

Períodos de prosperidade

Nos períodos de prosperidade, com a economia funcionando a plena capacidade de produção ou em suas proximidades, a condução das políticas econômicas deve assegurar o funcionamento equilibrado da economia. A intervenção estatal deve manter as condições indispensáveis para alcançar o equilíbrio e a eficiência macroeconômica, quais sejam: taxas de crescimento e emprego elevados, inflação sob controle e ausência de pressões de balanço de pagamento. Períodos continuados de prosperidade econômica, sem crises cíclicas periódicas, geram forças endógenas que permitem maior acumulação de capital e aumentos de produtividade, fatores essenciais ao desenvolvimento econômico autossustentado.

Política anticíclica nos períodos de recessão

Como visto, a recessão pode ser causada por insuficiência da demanda agregada. Nesse caso, as empresas reduzem a produção de bens e serviços para ajustá-la às condições declinantes de mercado, o que causa queda do PIB e aumento do desemprego, entre outros efeitos negativos. Portanto, no caso de recessão, o objetivo fundamental da intervenção estatal deve ser o de ativar a demanda agregada, mediante políticas monetária e fiscal expansionistas.

No caso de recessão causada por inflação de custos (oferta), a situação é muito complexa, pois a recuperação da economia só ocorre após a atividade econômica atingir o nível mais baixo da recessão devido à imposição de elevadas taxas de juros Selic para conter a inflação.

Expansão fiscal

As principais fontes a mobilizar, no caso de recessão por insuficiência da demanda agregada, são as reduções e isenções de tributos, a compra e a venda de títulos públicos.

A redução de tributos tem impactos significativos no aumento de liquidez das empresas e, portanto, na expansão da produção e no nível de emprego, em especial nas microempresas, pequenos e médios negócios.

A compra de títulos da dívida pública é importante instrumento de expansão da liquidez do setor privado, em caso de recessão, por ativar a demanda agregada. A captação de recursos para essa finalidade pode se originar da privatização de ativos, das concessões e dos superávits fiscais.

A venda de títulos públicos, no caso de insuficiência da demanda agregada, reduz a liquidez do setor privado e aumenta a liquidez do setor público. Aumenta, portanto, o grau de participação do Estado na economia ao transferir recursos do setor privado para o setor público, assim como as iniciativas de gastar e investir. Além do mais, eleva as taxas de juros, encarece os empréstimos bancários e a rolagem da dívida pública e, consequentemente, reduz o consumo das famílias.

No caso de recessão causada por inflação de custos, a venda de títulos públicos é justificável se o governo investir na superação dos gargalos que geram pressões de custos e elevam a produtividade. Do contrário, a venda de títulos públicos provocará mais inflação.

Expansão monetária

Os principais instrumentos de expansão monetária, sobretudo em caso de recessão por insuficiência da demanda agregada, são a redução da taxa Selic, das alíquotas dos depósitos compulsórios, dos juros, dos redescontos e a emissão de base monetária para aumentar a liquidez do setor privado.

As reduções na taxa Selic, nas alíquotas dos depósitos compulsórios e dos juros dos redescontos independem de legislação e podem ser utilizadas com tempestividade pelo Bacen.

A emissão de base monetária estimula a iniciativa privada, não paga juros e não é contabilizada como dívida pública. Permite maior rapidez na concessão de auxílios emergenciais aos desempregados, às empresas, aos estados e municípios; possibilita a compra de títulos públicos e, consequentemente, o abate da dívida pública.

No Brasil, há limitações quanto à compra e venda de títulos da dívida pública. De fato, o art. 164, §2º, da Constituição Federal dispõe que o Bacen só poderá comprar e vender títulos de emissão do Tesouro Nacional com o objetivo de regular a oferta de moeda ou a taxa de juros. Também lhe é vedado conceder, direta ou indiretamente, empréstimo ao Tesouro Nacional e a qualquer órgão ou entidade que não seja instituição financeira (art. 164, §1º).

Excepcionalmente, o Congresso Nacional autorizou o Bacen, pela Emenda Constitucional 106, de maio de 2020, a comprar e vender títulos da dívida pública para financiar os gastos emergenciais decorrentes da pandemia.

POLÍTICAS ANTICÍCLICAS NOS PERÍODOS DE INFLAÇÃO

A presente abordagem tratará apenas das medidas anticíclicas referentes às inflações de procura e de oferta (custos), por serem as mais frequentes, além do que os efeitos estruturais e inerciais podem estar embutidos num ou noutro tipo de inflação.

Combate à inflação de procura

A inflação de procura ocorre quando a demanda agregada aumenta mais rapidamente que o potencial produtivo da economia (plena capacidade de produção). As políticas de combate à inflação devem ser essencialmente contracionistas, tanto de natureza monetária como fiscal.

Na política fiscal, como salientado, as medidas indicadas são a venda de títulos públicos, redução de isenções fiscais, seleção criteriosa dos gastos e investimentos públicos a realizar, com vistas à obtenção de superávits fiscais. Para tanto, são requisitos importantes a estrita observância da Lei de Responsabilidade Fiscal (LC 101/2000) e do Teto Orçamentário (EC 95/2016).

Na política monetária, como indicado, as medidas mais adequadas são a elevação da taxa Selic, das taxas dos compulsórios, dos redescontos e redução da base monetária. Essas medidas contraem o nível de liquidez da economia e, portanto, tornam o consumo e os investimentos mais onerosos, fatores de desaquecimento da demanda agregada.

Combate à inflação de oferta (custos)

A estratégia de combate à inflação de oferta depende das peculiaridades da conjuntura econômica.

No caso de aumentos de preços devidos a desequilíbrios circunstanciais e momentâneos entre oferta e procura de alimentos, matérias-primas e outras commodities, a situação tende a se normalizar com a entrada de novas safras, com importações e reposições de estoques.

Se as pressões no nível geral de preços forem causadas pelos incrementos dos custos de produção e rigidez de preços (quase sempre ocasionados por baixos índices de produtividade), as medidas mais indicadas são: ajustar a política cambial para evitar acentuadas desvalorizações do real em relação ao dólar norte-americano, rever a estrutura de custos e dos tributos incidentes sobre os itens de maior pressão, reduzir as tarifas de importação desses itens e aumentar sua oferta interna, mediante incrementos de produtividade. Será tarefa complexa, sobretudo se a rigidez dos preços permanecer por tempo indeterminado. Até agora, no Brasil, só tem sido possível debelar a inflação de custos com elevadas taxas de juros que causam, em contrapartida, acentuada recessão (estagflação).

SÍNTESE DO CAPÍTULO

Independentemente do que pensam as diversas correntes econômicas, a intervenção governamental é uma realidade, em especial nas crises econômicas (recessões e inflações). Nas recessões e inflações, essa intervenção se realiza por meio dos instrumentos da política econômica: política monetária, fiscal, cambial e de rendas.

Nas políticas monetária e cambial, executadas pelo Bacen, há vários instrumentos para regular os níveis de liquidez, a depender da intensidade da crise: a taxa Selic, a base monetária, o depósito compulsório, o redesconto e o regime de metas para inflação. A taxa Selic é o instrumento utilizado para o cumprimento das metas de inflação. A base monetária (emissão primária de moeda) funciona como instrumento complementar de expansão ou contração da liquidez. Os depósitos compulsórios e os redescontos são também instrumentos complementares de regulação da liquidez. O regime de metas para inflação, fixado pelo Conselho Monetário Nacional (CMN), estabelece os parâmetros a orientar as ações do Comitê de Política Monetária (COPOM) e do Bacen.

Na política fiscal, cabe aos Poderes Legislativo e Executivo a formulação e execução de suas diretrizes, por meio do orçamento público, da Lei de Responsabilidade Fiscal (LC 101/2000) e do Teto de Gastos (EC 95/2016), tendo em conta as situações de déficit e superávits fiscais e a condução da dívida pública.

O orçamento público é a lei infraconstitucional mais importante do país, por definir as prioridades de alocação dos recursos públicos e por balizar para o setor privado as oportunidades criadas pelo setor público. No Brasil, o orçamento público é autorizativo em vez de impositivo, como ocorre nos países desenvolvidos, o que cria distorções na sua execução e gera um clima de insegurança e instabilidade para os agentes econômicos devido às frequentes mudanças das regras.

Os tributos, os déficits e superávits fiscais são importantes instrumentos de transferências de liquidez, ora do setor privado para o público, ora deste para o setor privado, a depender da conjuntura. A Lei de Responsabilidade Fiscal dispõe sobre as normas que devem ser observadas no controle dos gastos públicos nas diversas esferas de governo: federal, estadual, distrital e municipal. O teto de gastos aplica-se apenas ao governo federal. Fixa o máximo das despesas primárias do governo federal, incluídos os restos a pagar e as demais operações que afetam o resultado primário. O teto deve ser igual ao do orçamento fiscal do ano anterior, corrigido pelo IPCA dos 12 meses encerrados em junho do exercício fiscal em que a Lei do Orçamento Anual é submetida ao Congresso

Nacional, periodicidade alterada pela PEC 23/2021, que trata também do escalonamento dos precatórios (dívidas judiciais do governo já transitadas em julgado). É um instrumento inusitado de controle, dispensável, em nosso entender, se o orçamento fosse impositivo.

A política cambial é complementar à política monetária, razão pela qual é da competência do Bacen. No Brasil, o câmbio é flutuante. O governo só atua como vendedor ou comprador para evitar excessivas volatilidades das taxas de câmbio. As taxas de câmbio têm peso considerável como instrumento de controle da inflação. Excessivas desvalorizações cambiais encarecem as importações e tornam difícil o controle das pressões inflacionárias de oferta (custos).

As políticas de rendas têm grande importância do ponto de vista político, econômico e social, porquanto níveis elevados de desemprego afetam negativamente o bem-estar econômico e social, objetivo último das políticas públicas.

Por fim, é oportuno enfatizar que cada instrumento de política econômica deve ser utilizado de acordo com a natureza e intensidade das crises econômicas, seja nas recessões, seja nos períodos inflacionários. Daí a importância que as políticas monetária, fiscal, cambial e de rendas sejam consistentes e sincronizadas em termos dos objetivos colimados.

ASSUNTOS E CONCEITOS PARA REVISÃO

Instrumentos de política econômica. Política monetária: papel da Selic no controle da inflação. Base monetária. Depósito compulsório. Redesconto. Regime de metas para a inflação. Política Fiscal: orçamento público, déficits e superávits fiscais, dívida pública. Lei de Responsabilidade Fiscal. Teto de gastos e suas implicações. Política cambial: câmbio fixo e flutuante, desvalorizações cambiais e inflação de oferta (custos). Política de rendas: tipos de desemprego. Políticas anticíclicas em conjunturas recessivas e inflacionárias.

8

PROGRESSO ECONÔMICO
(MARCOS HISTÓRICOS)

No capítulo anterior, foram tratados os problemas de natureza cíclica (conjunturais) devidos ao comportamento da demanda agregada. Neste, a ênfase será dada às transformações de natureza estrutural de longo prazo relacionadas ao progresso econômico, mudanças que dependem da expansão continuada da capacidade produtiva da economia, ou seja, da expansão da oferta agregada, mediante o incremento dos investimentos e da produtividade total do trabalho e dos fatores de produção.

A seguir, será feito um retrospecto histórico do desempenho da economia mundial e da economia nacional no passado e, em especial, nos anos 1980/2020.

Antes, porém, vale destacar as diferenciações entre subdesenvolvimento econômico e desenvolvimento econômico, aqui denominado progresso econômico. Comumente, consideram-

-se esses dois fenômenos como etapas de um mesmo processo, mas apresentam realidades e naturezas essencialmente distintas.

O subdesenvolvimento é uma condição específica, caracterizada por numerosos elementos econômicos e sociais que constituem uma estrutura cultural típica. Do ponto de vista econômico, o crescimento da produção resulta, principalmente, do uso extensivo dos fatores terra, capital e trabalho e de baixos níveis de produtividade. Intervalos de prosperidade alternam-se com prolongados períodos de baixo crescimento e até mesmo de estagnação econômica.

Politicamente, os países subdesenvolvidos padecem de sistemas de governo dissociados das reais demandas e necessidades da sociedade, com sistemas partidários fracos e cooptados por interesses populistas, financiados por recursos públicos, o que distorce a alocação dos recursos públicos em desfavor das reais necessidades da nação.

São países de baixo nível de educação, elevados índices de analfabetismo e pobreza, condições deficientes de saúde, moradias precárias e sem redes de água e de esgotos, subemprego e índices elevados de desemprego; grandes desigualdades de renda pessoal e regional; deficiente proteção ambiental e marcante assimetria entre padrões de modernização e de crescimento dos diversos setores, atividades e regiões. São países em que há baixa mobilidade socioeconômica para os que dependem de salários e para os mais pobres.

O desenvolvimento econômico caracteriza-se por profundas transformações socioeconômicas causadas pelo uso intensivo dos fatores de produção e do uso de conhecimentos científicos e tecnológicos em todos os setores da atividade econômica e, consequentemente, de níveis elevados de produtividade, com avanços homogêneos na modernização institucional, fatores que se refletem na cultura, nos sistemas de governos, na existência de eficiente infraestrutura econômica e nas áreas de educação, saúde, segurança, habitação, saneamento e transporte. Enquanto nas sociedades subdesenvolvidas o crescimento é intermitente, nas desenvolvidas é sustentado, simétrico e relativamente inclusivo em termos de distribuição de renda e condições de vida.

É oportuno ressaltar não haver uma passagem direta e automática do subdesenvolvimento para o estágio superior de desenvolvimento, pois, como visto, o desenvolvimento econômico requer profundas mudanças das estruturas econômicas, políticas, institucionais, culturais e sociais, as quais não ocorrem facilmente. Em realidade, quase todos os países que eram subdesenvolvidos ao final do século XIX, continuam, com raras exceções, sendo sociedades atrasadas no atual, ainda que tenham alcançado padrões de bem-estar econômico e social superiores aos que desfrutavam no passado.

FATORES DETERMINANTES DO CRESCIMENTO ECONÔMICO

O crescimento econômico não é apenas uma questão de aumentar a produção, mas de adquirir capacidade produtiva, utilizando e criando tecnologias e formas mais avançadas de organizações econômicas, políticas e sociais, mudanças indispensáveis ao constante aumento da produtividade da economia e do incremento da renda per capita.

Trata-se, portanto, de um sistema dinâmico que depende basicamente de três variáveis econômicas: acumulação de capital (investimento), produtividade e recursos humanos. A relação funcional entre esses fatores pode ser expressa por:

$$Y = (\Delta I \cdot P/K) - \Delta H, \text{ onde:}$$

Y= Taxa de crescimento da Renda Nacional (PIB per capita). ΔI= acréscimo Investimento resultante da poupança acumulada. P/K= relação produto/capital (produtividade média do investimento realizado). ΔH= recursos humanos.

Exemplos: i) se o investimento for de 20% da renda nacional (PIB), a produtividade do investimento for 1/5 e o incremento populacional de 2%, a taxa de crescimento do PIB per capita será de 2,0% (Y= (0,20.0,20) – 0,02); ii) considerando os mesmos parâmetros, mas se o incremento de investimento for de 30%, o crescimento será de 4,0% (Y= (0,30.0,20) – 0,02); iii) considerando agora o aumento de I igual a 30%, P/K igual a 0,30 e H fixo em 0,02, o crescimento será de 7% (0,30.0,30) – 0,02).

Esses exemplos denotam como o investimento e a produtividade dos fatores de produção são fundamentais para o crescimento econômico. No primeiro exemplo, o PIB per capita dobraria em 36 anos; no segundo, 18 anos; no terceiro, em um pouco mais de 10 anos (Tabela 8.1).

TABELA 8.1 - CRESCIMENTO DA PTF E DA PRODUTIVIDADE POR HORA TRABALHADA (VARIAÇÃO PERCENTUAL) – BRASIL, PERÍODOS SELECIONADOS

PERÍODOS	VARIAÇÃO PERCENTUAL	
	PRODUTIVIDADE TOTAL DOS FATORES	PRODUTIVIDADE/HORA TRABALHADA
1981/1990	(0,6)	(0,6)
1990/2000	0,1	0,2
2000/2010	1,5	1,6
2010/2014	0,5	1,5
2014/2019	(0,6)	(0,5)
1981/2019	0,3	0,4

(**FONTE**: IBRE/FGV, 2000)

Os dados de investimento disponibilizados pelo Fundo Monetário Internacional (FMI) para o Brasil revelam que a taxa média de investimento, no período 1980/2020, foi de 20,1%.

Esse índice medíocre de investimento e a baixa produtividade total dos fatores de produção (PTF) e da produtividade por hora/trabalhador, estimada pelo IBRE/FGV em 0,3% e 0,4%, respectivamente, para o período 1981/2019, explicam o quadro de estagnação vivenciado pela economia brasileira nos últimos 40 anos.

Além dessas variáveis econômicas, há outros importantes fatores que influenciam o crescimento e a modernização econômica, tais como: cultura, preparo profissional dos recursos humanos, fatores geoeconômicos, tamanho dos mercados e a qualidade das instituições.

A qualidade dos recursos humanos é de grande importância na determinação da produtividade geral do trabalho e dos fatores de produção. Novas técnicas de produção, incorporadas às modernas máquinas e equipamentos agrícolas e industriais, requerem mão de obra com capacidade de operar esses equipamentos e processos dentro de padrões de eficiência e segurança técnica recomendáveis. Por isso mesmo, sem um bom sistema de educação básica profissionalizante, em número suficiente, em especial nas áreas de ciência e tecnologia, haverá grandes dificuldades de expansão da economia a taxas que permitam absorver a população economicamente ativa, em especial os jovens que anualmente chegam ao mercado de trabalho. A educação é, portanto, um dos grandes gargalos da modernização dos países subdesenvolvidos. No Brasil, certamente o mais importante, tendo em conta as necessidades impostas pelas transformações requeridas pelos rápidos avanços da informatização, da robotização e da inteligência artificial.

Os fatores geoeconômicos são importantes, também, no desenvolvimento das atividades econômicas, tais como agricultura, indústria e serviços.

As explorações agropecuárias dependem do clima, tipo de solo e das vias de comunicação em relação aos mercados. Tais elementos condicionam, direta e indiretamente, a natureza e eficiência das cadeias de produção a elas relacionadas e explicam os padrões de especialização e de competitividade das diversas atividades, segmentos e setores de produção.

A natureza e a complexidade dos canais de comercialização e distribuição da produção do campo até os mercados consumidores locais, regionais e internacionais, determinam os padrões internos e externos de competição, tendo em vista que custos elevados de transporte constituem barreiras impostas por preços finais proibitivos. Tais fatores limitam, também, as atividades industriais e de serviços e determinam as vantagens comparativas entre atividades, setores, regiões e países.

Os países e as regiões de pequenos tamanhos de mercado defrontam-se com problemas bem mais sérios que os possuidores de mercados internos potencialmente grandes, os quais propiciam ganhos de escalas de produção, maiores lucros e ensejam maior grau de abertura para o exterior. Os de menor porte, pela insuficiência de mercado, encontram sérios obstáculos para aquisição de máquinas e equipamentos industriais modernos e de alta produtividade, o que os impedem de competir com os produtos e serviços importados, induzindo-os a adotar modelos substitutivos de importações, os quais acabam por se eternizar às custas de subsídios e isenções fiscais.

Além desses fatores, há os que podem limitar severamente o desenvolvimento da economia, mas passíveis de superação, mediante o uso intensivo de ciência e tecnologia, do que são exemplos o Japão e a Coreia do Sul. Alinham-se, entre esses fatores desfavoráveis, a escassez de solos férteis e de recursos naturais, clima inóspito, grandes áreas de desertos, topografia desfavorável ao traslado de mercadorias, ausência de rios navegáveis, insuficiência hídrica de geração de energia, entre outros.

O Brasil é relativamente bem-dotado de fatores naturais, especialmente de água doce, rios navegáveis e fontes de energia renovável. Todavia, as suas políticas de conservação do meio ambiente deixam muito a desejar. Por exemplo, a maior hidrelétrica do país, Itaipu, responsável por cerca de 70% da energia produzida para abastecimento de 120 milhões de pessoas, nos dez Estados mais populosos do país, depende das bacias hidrográficas localizadas na Mata Atlântica, bioma atualmente reduzido a 12,5% da cobertura original. As outras quatro grandes hidrelétricas (Belo Monte, São Luiz do Tapajós, Tucuruí e Santo Antônio), dada a grande distância dos grandes centros consumidores do Sul/Sudeste, apresentam elevados custos de transporte na transmissão de energia.

Todas essas hidrelétricas e os reservatórios delas derivados dependem de práticas que evitem os atuais níveis de desmatamento e de medidas adequadas de conservação. Basta haver irregularidades climáticas, cada vez mais frequentes, em razão do rápido desmatamento, para causar desabastecimento dos grandes reservatórios, com consequências graves no fornecimento de energia elétrica às populações e às atividades econômicas, o que constitui fator crítico ao desenvolvimento da economia nacional.

Ainda bem que há grandes oportunidades econômicas no uso da energia eólica e solar, cujo potencial começa a ser crescentemente explorado. No campo das práticas conservacionistas, há também oportunidades a explorar. Segundo notícias publicadas pelo jornal *O Estado de São Paulo*, edição de 25/09/2021, estudos do Programa de Investimentos Verdes (BGFP, sigla inglesa), iniciativa bilateral entre os governos do Brasil e do Reino Unido, o país pode atrair investimentos desses países no valor de R$ 3,6 bilhões, no espaço de 20 anos, para obras de infraestrutura sustentáveis e limpas.

Desse total, estima-se que R$ 9,6 milhões poderão ser investidos em projetos de geração de energia de baixo carbono e R$ 475 milhões em transporte urbano limpo, desde que obedecidos os critérios ESG (*Environment, Social e Government*). Essa é uma pequena amostra das possibilidades de captação de recursos externos para investimentos dessa natureza, tendo em vista a conservação ambiental da Amazônia e de outros biomas nacionais. O mais promissor são as possibilidades de o Brasil conseguir a ajuda financeira crescente dos países desenvolvidos para que possa alcançar as ambiciosas metas a que se comprometeu na COP 26 (Cúpula Climática da ONU) recentemente realizada em Glasgow sobre o meio ambiente.

As instituições são igualmente essenciais ao progresso econômico, por ser inviável alcançar níveis crescentes de produtividade e de competitividade sem padrões de segurança jurídica e sem ambiente favorável ao desenvolvimento dos negócios, tais como: segurança jurídica e econômica, direitos de propriedade bem definidos e cumprimento dos contratos.

A REVOLUÇÃO INDUSTRIAL INGLESA E O CRESCIMENTO MUNDIAL ENTRE 1870/1950

Antes da Revolução Industrial, ocorrida na Inglaterra a partir de 1750, o padrão de vida entre as nações não apresentava grandes diferenciações institucionais e socioeconômicas, e a maioria da população enfrentava condições precárias de sobrevivência.

Essas sociedades agrárias e pré-industriais enfrentavam, combinadamente, dependência extrema da terra (fator relativamente fixo) e de avanços tecnológicos. Os incrementos de produção apenas compensavam o ritmo de crescimento populacional. Até inícios do século XVIII, a economia mundial manteve-se estagnada. O risco malthusiano da fome e morte prematura estavam sempre presentes, em especial, nas quebras de produção de alimentos devido a problemas climáticos.

Embora tenham existido sociedades agrárias que ostentaram níveis impressionantes de civilização, isso se deveu à extração dos excedentes produzidos pelos camponeses, apropriados por uma elite dominante que monopolizava a propriedade da terra, da mão de obra e a posse dos instrumentos de produção. Essas sociedades, portanto, não conseguiram nem se preocuparam em proporcionar aumentos significativos e permanentes do padrão de vida para a grande maioria da população.

Esse estado de estagnação e pobreza começou a mudar radicalmente com a Revolução Industrial inglesa. Esse marco histórico obscurece, contudo, que a Inglaterra já vinha apresentando progresso notável nos dois séculos anteriores, em razão dos avanços institucionais pioneiros – em particular, a Revolução Gloriosa (1688), que transferiu a supremacia do poder para o Parlamento e eliminou o absolutismo real, mudanças de grande alcance na segurança jurídica, na garantia dos direitos de propriedade e no cumprimento dos contratos. Esses avanços permitiram a acumulação de recursos financeiros, proporcionada pela intensificação do comércio internacional resultante da política mercantilista, ensejando o enriquecimento e fortalecimento dos grandes comerciantes e das empresas mercantis, os quais passaram a investir vultosas somas de capital na modernização das atividades agropecuárias e agroindustriais, em especial, na expansão da produção de lã, matéria-prima básica da indústria têxtil inglesa.

O advento da máquina a vapor e o uso intensivo do carvão mineral impulsionaram todos os setores de atividade, favorecendo o desenvolvimento de um sistema ferroviário e marítimo capaz de transportar mercadorias a longa distância e a baixo custo. Antes, as fábricas dependiam das rodas d'água para mover as máquinas, o que estava restrito a localizações à beira dos rios.

Outra grande inovação foi o desenvolvimento das técnicas do uso de metais na construção de navios em substituição aos de madeira, o que acarretou uma revolução no transporte marítimo de longo curso. Ao mesmo tempo, o desenvolvimento das técnicas de refrigeração possibilitou a frigorificação de produtos perecíveis e seu traslado a preços competitivos entre as regiões produtoras de excedentes e os mercados consumidores localizados em outros países e continentes.

Esses avanços e os incrementos consequentes de produtividade transformaram as vilas em cidades industriais e de serviços, tornando mais complexas as relações socioeconômicas e o papel das instituições, com o surgimento de novas classes sociais e a criação dos sindicatos trabalhistas para intermediação dos dissídios entre patrões e empregados, ensejando as condições indispensáveis à formação de uma classe assalariada cada vez mais afluente e politizada, importante fator de ampliação e modernização dos mercados consumidores locais e de solidificação das instituições políticas.

Essas inovações espalharam-se para as nações mais ricas do continente europeu, para os Estados Unidos e Japão, ficando de fora desse progresso a Ásia, a África e o continente latino-americano, inclusive o Brasil, os quais só se beneficiaram perifericamente desses avanços civilizatórios.

Em síntese, a Revolução Industrial inglesa foi um marco na história da humanidade, com o emprego da energia a vapor, gerando efeitos altamente positivos na segurança e nos custos de transporte de grande volume de cargas a longas distâncias e, consequentemente, no aumento do intercâmbio entre as nações na comercialização de excedentes exportáveis; avanços tecnológicos na produção de bens e serviços, inflexão na trajetória de crescimento da população rural entre a passagem do final do século XVIII para o século XIX, porque as famílias já não dependiam tanto da força de trabalho para expansão e manutenção dos níveis de produção. Todos esses fatores permitiram a produção de excedentes utilizáveis na geração cumulativa de riquezas (investimentos) e incentivaram formas mais eficientes de produção (aumentos continuados de produtividade).

TABELA 8.2 - TAXA ANUAL DE CRESCIMENTO DO PIB PER CAPITA (%)

REGIÕES E PAÍSES	1820/1870	1870/1913	1913/1950
EUROPA OCIDENTAL	0,98	1,33	0,76
EUROPA ORIENTAL	0,63	1,39	0,60
ESTADOS UNIDOS	1,34	1,82	1,61
ÁSIA	-0,10	0,53	0,08
AMÉRICA LATINA	-0,03	1,82	1,43
BRASIL	0,20	0,30	1,97
MUNDO	0,54	1,30	0,88

(**FONTE**: VELOSO *ET AL*., 2013)

As mudanças foram significativas globalmente. Entre 1820/1870, eram necessários 133 anos para o PIB mundial dobrar de valor per capita (72/0,54). Entre 1870/1913, 55 anos (72/1,30). Uma conquista notável em termos de progresso econômico, ainda mais caracterizado por acentuada modernização das instituições relacionadas, direta e indiretamente, às atividades produtivas (Tabela 8.2).

Entre 1913/1950, com as duas grandes guerras mundiais, o mundo enfrentou grande destruição material e de recursos humanos, fenômeno sem precedentes na história. Tais perdas refletiram-se no arrefecimento das taxas de crescimento do PIB per capita mundial em termos médios percentuais, as quais declinaram de 1,30% para 0,88%, causando grandes perdas em quase todos os continentes e países. A exceção foi o Brasil, que mais que dobrou a taxa de crescimento da renda per capita em relação ao resto do mundo.

O DESENVOLVIMENTO ECONÔMICO MUNDIAL PÓS-1950

Outro grande surto de desenvolvimento econômico ocorreu no pós-guerra, entre 1950/1973, impulsionado pelos Estados Unidos, principal gerador das inovações tecnológicas no desenvolvimento de setores industriais de ponta.

Essa revolução tecnológica, acompanhada pela rápida globalização econômica, permitiu aos Estados Unidos, aos países afluentes da Europa e ao Japão alcançarem, no período acima considerado, taxas médias anuais de crescimento de 4% e 3% e a dobrarem, respectivamente, o PIB em 18 e 24 anos (VELOSO *et al.*, 2013). Apesar das duas crises do petróleo, ocorridas em 1973 e 1979, a economia mundial manteve taxas satisfatórias de crescimento até o final da década de 1970.

Entre 1981/2020, a economia mundial alcançou taxas médias anuais superiores a 3,0%, e as economias emergentes, taxas superiores às mundiais, puxadas pelo excepcional crescimento da China e da Índia. Todavia, a América Latina e o Caribe desaceleraram o ritmo de crescimento da economia a partir de 2011. O Brasil, com exceção do período 2001/2010, cresceu a taxas inexpressivas, conforme se pode ver na Tabela 8.3.

TABELA 8.3 - TAXAS MÉDIAS REAIS DE CRESCIMENTO DO PIB (%)

REGIÕES E PAÍSES	1981/90	1991/00	2001/10	2011/20*
MUNDO	3,3	3,2	3,9	3,6
EMERGENTES	3,3	3,8	6,2	4,9
AL + CARIBE	1,5	3,2	3,2	1,7
BRASIL	1,6	2,6	3,7	0,9

(**FONTE**: FMI, *2019 E 2020 SÃO PROJEÇÕES DA WEO/FMI)

A EXPERIÊNCIA BRASILEIRA DE CRESCIMENTO ECONÔMICO ANTERIOR AO SÉCULO XX – 1500/1890

Não há fontes estatísticas oficiais sobre o desempenho da economia brasileira anteriormente ao século XX. Existem apenas estimativas sobre a renda per capita no Brasil, Estados Unidos e no mundo, entre 1500/1890. Esses dados revelam que, em 1890, a renda per capita norte-americana já era mais de quatro vezes superior à brasileira, e a mundial, uma vez e meia, como se pode ver na Tabela 8.4. Portanto, o processo de disparidade de crescimento econômico do Brasil (diferenciação econômica), relativamente aos países afluentes, é muito mais antigo e intenso do que se imagina.

TABELA 8.4 - RENDA PER CAPITA E TAXAS DE CRESCIMENTO NO BRASIL, ESTADOS UNIDOS E O MUNDO ENTRE 1500/1890

REGIÕES E PAÍSES	1500	1700	1820	1890
BRASIL (A)	400	450	646	794
EUA (B)	400	527	1257	3392
(A/B)	1:1	1:1,1	1:1,9	1:4,3
MUNDO (C)	566	615	666	1261
(A/C)	1:1,41	1:1,36	1:1,10	1:1,58

(FONTE: VELOSO *ET AL.*, 2013)

O CRESCIMENTO DA ECONOMIA BRASILEIRA NO SÉCULO XX

Durante o século XX, a economia brasileira cresceu 12 vezes, e a população, 10 vezes. Mas esse crescimento não se distribuiu uniformemente ao longo do tempo. Houve períodos de grandes avanços econômicos e outros de prolongada estagnação, fenômeno este presente sobretudo no período 1980/2020.

O início da Revolução Industrial brasileira ocorreu entre 1890/1930, portanto tardiamente em relação à Revolução Industrial inglesa e de caráter menos transformador da estrutura econômica, por se centrar, basicamente, em indústrias de transformação de baixos efeitos germinativos: têxtil, bebidas e alimentos. Foi fruto das graves restrições do consumo de bens importados impostas pela Primeira Guerra Mundial e pela Depressão dos anos 1930.

Até 1930, a incipiente industrialização não foi suficientemente forte para mudar a característica agroexportadora da economia brasileira baseada em vários ciclos de produção, com a predominância, em cada época, de uma determinada exploração: açúcar, ouro e café, sendo o ciclo do café o mais próspero e duradouro de todos.

O bom desempenho econômico das explorações agroexportadoras, quando ocorria, dependia das oscilações do mercado internacional, ou seja, da demanda das grandes companhias atacadistas, fora, portanto, do controle do país. Nas fases de prosperidade da economia mundial, a demanda externa se expandia como também o complexo relacionado à economia agroexportadora. O contrário ocorria em situações adversas, e a economia nacional, como um todo, entrava em crise.

Como a cana-de-açúcar e o café são atividades de natureza permanente, as safras anuais não se ajustavam à demanda mundial nas fases depressivas, gerando excessos de produção.

No caso do café, esse problema foi parcialmente solucionado com a política de valorização do produto, celebrada pelo Convênio de Taubaté, em 1906, com a retenção dos excedentes financiados por empréstimos externos, a fim de assegurar a renda dos cafeicultores. Posteriormente, durante a Grande Depressão dos anos 1930, esses excedentes foram eliminados pela queima anual de milhares de sacas diante das dificuldades de obtenção de financiamento para formação de estoques.

Entre 1950/1980, o país alcançou as taxas de crescimento do PIB mais elevadas do mundo. Entre 1968/73, durante o milagre econômico, a taxa média de crescimento anual do PIB girou em torno de 11% e 5%, devido, em grande parte, ao forte impacto da produtividade total dos fatores (PTF) de 5% (segundo o artigo "Determinantes do milagre econômico brasileiro (1968-1973): Uma análise empírica", de VELOSO *et al.*, publicado na *Revista Brasileira de Economia*, v. 62, abr./jun. 2008).

As principais características do forte crescimento brasileiro verificado entre 1950/1980, em especial do período 1968/1973, foram o elevado crescimento da produtividade total dos fatores

PTF, a intensa urbanização e a predominância da indústria de transformação e do setor de serviços na economia nacional, fenômenos causados pela transferência de recursos financeiros e de grandes contingentes de mão de obra da agricultura, setor de baixa produtividade, para a indústria e para o setor de serviços, de maiores produtividades.

No pós-guerra, a ênfase do processo de industrialização centrou-se na substituição de importações, sob a égide dos planos nacionais de desenvolvimento econômico, inspirados no pensamento e nas técnicas de programação da Comissão de Estudos Econômicos para a América Latina e Caribe (CEPAL).

Em face das crises do petróleo de 1973 e 1979, acentuou-se o processo substitutivo de importações, com ênfase na produção doméstica de bens de capital e na indústria de insumos básicos (químicos, siderurgia, não ferrosos e energia, incluindo a criação do Proálcool). Os produtos industriais passaram a predominar na pauta de exportação, mas esse processo revelou-se incapaz de levar a economia do país a um crescimento sustentado, simétrico e inclusivo.

Entre meados de 1980 e 2020, a economia brasileira entrou numa fase de crescimento intermitente (a chamada armadilha da renda média), alternando ciclos de crescimento com desacelerações econômicas muitas vezes abruptas. Nesse período, o crescimento anual do PIB girou em torno de 2,4%, contra uma taxa média de crescimento populacional de 1,5%. Ou seja, a renda per capita praticamente não cresceu no período (0,9%). A continuar nesse ritmo, seriam necessários 80 anos para dobrar a renda per capita (72/0,9), crescimento inaceitável em termos de projeto de construção e desenvolvimento nacional.

Essa relativa estagnação afastou cada vez mais o país das economias desenvolvidas. Em 1980, o PIB per capita brasileiro era equivalente a 39% do norte-americano. Em 2018, equivalia apenas a 25%. Relativamente aos Estados Unidos, países como a Coreia do Sul, China, Índia e Chile fizeram notáveis progressos em termos de renda per capita, como se pode ver na Tabela 8.5.

TABELA 8.5 - PROPORÇÃO DO PIB PER CAPITA DE CADA PAÍS EM RELAÇÃO AO DOS ESTADOS UNIDOS (%)

PAÍSES	1980	1990	2000	2010	2018
ARGENTINA	50,5	30,5	32,9	38,3	32,8
BRASIL	**39,0**	**29,2**	**25,1**	**29,7**	**25,8**
CHILE	27,4	24,6	31,2	39,2	41,5
CHINA	2,5	4,1	8,1	19,1	28,9
COLÔMBIA	22,0	20,3	18,1	22,0	23,9
ÍNDIA	4,5	4,9	5,6	9,1	12,6
MÉXICO	46,5	35,4	34,6	32,7	32,9
PERU	25,1	14,4	14,2	20,0	22,7
VENEZUELA	62,6	40,2	31,7	34,1	17,0
COREIA DO SUL	17,5	31,7	45,5	61,4	66,0

(**FONTE**: FMI. DADOS CITADOS NO ARTIGO BRASIL PERDE TERRENO NA CORRIDA DO PIB PER CAPITA. *VALOR ECONÔMICO*, EDIÇÃO DE 21/05/2019, DE SERGIO LAMUCCI)

Observa-se que, no período considerado, as três maiores economias da América Latina – Brasil, Argentina e México – retrocederam nos últimos dois decênios em termos de renda per capita, em comparação com os Estados Unidos. Os únicos países do continente que melhoraram sua posição relativa foram Chile e Colômbia, este com pequeno incremento.

No Brasil, os últimos 40 anos foram perdidos do ponto de vista econômico em razão, entre outros fatores, de políticas econômicas equivocadas e muitas vezes contraditórias no enfrentamento das conjunturas adversas a que o país foi exposto; baixas taxas de investimento e de produtividade, dívida externa sufocante (1980/1990), insolvência internacional em 1982, inflação galopante (1980/1994), recessão mundial (2007/2008), recessão nacional (2014/2016), recessão em 2020 em decorrência da crise sanitária, dois impeachments (1992 e 2016), e duas décadas perdidas - 1981/1990 e 2011/2020.

A Constituição Federal de 1988, apesar dos avanços nos campos políticos e de garantias de direitos individuais e coletivos, ensejou a criação de condições para a forte deterioração da qualidade do sistema tributário, ao atribuir aos Estados a competência para alterar alíquotas, base de cálculo e hipóteses de incidência do ICMS. Com suas 27 legislações distintas, incompatíveis com um bom sistema de tributação do consumo pelo método do valor agregado, o ICMS tornou-se fonte de ineficiências da economia brasileira e limitador relevante à obtenção de ganhos de produtividade. Além disso, as diversas vinculações constitucionais e a rigidez orçamentária são fatores que não deixam margem ao exercício de políticas fiscais adequadas ao desenvolvimento.

OS DESAFIOS BRASILEIROS PARA AS PRÓXIMAS DÉCADAS

Há muitos desafios a serem enfrentados pelo Brasil para que possa crescer de modo sustentado, inclusivo e dentro dos parâmetros de conservação ambiental, de sorte a dobrar a renda per capita a cada duas décadas, ou seja, um crescimento do PIB por habitante de 4% ao ano, marca alcançada no período 1950/1980, o que permitiu dobrar a renda per capita a cada 18 anos (72/4).

Evidentemente, foge ao âmbito deste livro tratar das diretrizes e políticas de planejamento econômico e de promoção social que o Estado brasileiro deve implementar para enfrentar os problemas existentes e atingir níveis dinâmicos de crescimento autossustentado do PIB, de promoção social e de padrões internacionais de sustentabilidade ambiental.

Como visto, o art. 174 da Constituição Federal, determina que o planejamento econômico deve ser determinante para o setor público e indicativo para o setor privado, de sorte que, consoante o art. 3º, incisos I e II, da CF, esse planejamento deve garantir o desenvolvimento nacional, erradicar a pobreza e a marginalização e reduzir as desigualdades sociais e regionais.

Será tarefa difícil, contudo, romper o quadro de estagnação dos últimos 40 anos no contexto de políticas de austeridade de caráter recessivo e da existência dos fatores adversos presentes na economia brasileira, tais como baixas taxas de formação de poupança interna, de formação bruta de capital fixo (investimento) e baixos níveis de produtividade da mão de obra e dos fatores totais de produção; endividamento elevado das famílias brasileiras e das empresas, em especial das micro, pequenas e médias empresas, excessiva concentração de renda (os 10% mais ricos detêm 43% da renda total), insuficiência de pesquisas em ciência e tecnologia e baixa qualificação dos recursos humanos, em especial de mão de obra especializada.

A experiência histórica mostra que, nas crises e em situações de estagnação, países como a Itália, Alemanha, Japão, Estados Unidos e Inglaterra saíram da Grande Depressão dos anos 1930 mediante adoção de políticas monetárias e fiscais expansionistas. Os mesmos resultados foram alcançados com essas políticas pelos Estados Unidos e demais países desenvolvidos ao superarem os efeitos negativos da recessão mundial de 2007/2008.

A retórica de que as finanças públicas devem obedecer, sempre, aos mesmos requisitos de austeridade dos orçamentos familiares e questões do tipo: "Quem vai pagar a conta?", "o país está quebrado" ou "o dinheiro acabou" não têm o menor sentido econômico. São, quase sempre, de natureza ideológica, porque, como se viu, um país soberano monetariamente não quebra em sua própria moeda, nem a emissão de moeda gera, por si só, pressões inflacionárias como pregava a ultrapassada Teoria Quantitativa da Moeda. Ademais, políticas expansionistas reforçam a demanda agregada e a oferta agregada e ampliam a capacidade de produção da economia, ao gerar mais produção, renda e emprego.

A tese de que o corte de gastos e o ajuste fiscal contribuem para o crescimento econômico, a chamada contração fiscal expansionista, de autoria de Alberto Alesina e de outros economistas italianos, tão em voga na década de 1990, foi inteiramente desconstruída, inclusive pelo Fundo Monetário Internacional (FMI), seu maior patrocinador, por conter erros metodológicos na base de sua formulação. Segundo Paul Krugman, prêmio Nobel de Economia, a austeridade fiscal é um culto em decadência, e a pesquisa que lhe dava sustentação está inteiramente desacreditada.

Em situações de recessão e estagnação econômica, é inviável dinamizar a economia somente à base de arrecadação tributária em declínio, tendo em vista o impacto negativo direto da estagnação nessas receitas. Por outro lado, não há atrativos para a iniciativa privada investir na recuperação econômica, dada a insuficiência da demanda agregada para absorver seus produtos e serviços. Assim, cabe ao setor público a tarefa estratégica prioritária de investir e incentivar os investimentos privados, inclusive externos, em setores vitais da economia, tais como a eliminação dos gargalos de infraestrutura e transporte que tanto contribuem para o elevado custo Brasil, assim como promover as condições socioeconômicas adequadas ao bem-estar da população.

O Brasil precisa desatar as amarras ideológicas inerentes à anacrônica e recessiva agenda de austeridade fiscal frente ao quadro de estagnação econômica dos últimos 40 anos, mediante planejamento econômico indicativo, até porque este tipo de planejamento não é incompatível com a disciplina fiscal. A história econômica dos atuais países desenvolvidos mostra que o Estado é essencial para criar as condições indispensáveis a que a iniciativa privada possa promover o desenvolvimento econômico e o bem-estar social.

O país carece, portanto, de uma visão política e econômica de longo prazo. Reformas, apesar de importantes, em especial a tributária e a política, não têm, por si só, tração suficiente para romper a estagnação econômica que vitima o país há 40 anos. A necessidade de planejamento econômico governamental indicativo não significa, ademais, a falência dos mecanismos de mercado na alocação de recursos, mas se trata de reconhecer suas limitações no enfrentamento das crises cíclicas da economia, na construção e modernização da infraestrutura econômica e social, na pesquisa científica e no desenvolvimento tecnológico gerador de rápidos incrementos de produtividade; no ensino público básico profissional, no estímulo fiscal prioritário às empresas industriais inovadoras e competitivas internacionalmente, no financiamento de investimentos de grande porte e de elevado risco para a iniciativa privada nas falhas de mercado.

Ademais, o planejamento econômico indicativo é uma imposição constitucional, além de ser importante balizador para a ação das unidades federadas e para o setor privado, além de valioso instrumento para escolha e seleção das prioridades econômicas e sociais indispensáveis à elaboração dos planos orçamentários plurianuais. Um país sem um norte para enfrentar os problemas e desafios de médio e longo prazo é uma nau sem rumos certos. A ausência desse tipo de planejamento explica, em boa parte, a estagnação econômica dos últimos 40 anos.

Em conclusão, o Brasil não pode permanecer no estado de estagnação dos últimos 40 anos. O desenvolvimento econômico é um imperativo nacional sob pena de o país permanecer com índices progressivamente crescentes de pobreza e de marginalização econômica no plano mundial.

SÍNTESE DO CAPÍTULO

O subdesenvolvimento e o desenvolvimento econômico não são etapas de um mesmo processo, porquanto têm realidades e natureza essencialmente distintas. O desenvolvimento econômico caracteriza-se por profundas transformações socioeconômicas, causadas por taxas elevadas de investimentos e de produtividade. O subdesenvolvimento é uma condição caracterizada pelo uso extensivo dos fatores de produção, baixas taxas de investimentos e de produtividade e de fatores culturais resistentes a mudanças inovadoras. O crescimento econômico autossustentado e inclusivo não é mera questão de aumentar a produção, mas de adquirir capacidade produtiva, gerando e utilizando novas tecnologias e formas mais avançadas de organização econômica, política e social. Trata-se de um processo dinâmico que depende basicamente de três variáveis econômicas: acumulação de capital (investimentos),

PROGRESSO ECONÔMICO (MARCOS HISTÓRICOS)

produtividade dos investimentos e recursos humanos. Além dessas variáveis, há outros importantes fatores que influenciam o crescimento, a modernização e as mudanças culturais: qualidade dos recursos humanos, fatores geográficos, comércio, tamanho dos mercados e instituições fortes.

O estado de estagnação e pobreza mudou radicalmente a partir da Revolução Industrial inglesa, com o advento da máquina a vapor, do uso intensivo do carvão mineral como fonte de energia, do desenvolvimento de novas técnicas de metais na construção dos navios e de ferrovias, fatores que, aliados às técnicas de refrigeração, impulsionaram o transporte marítimo de longo curso e ferroviário e permitiram substancial redução dos fretes internos e externos por carga transportada. Outro grande surto de desenvolvimento econômico mundial ocorreu no período 1950/1973, impulsionado pelos Estados Unidos, principal gerador de inovações tecnológicas nos setores industriais de ponta.

Infelizmente, essas grandes transformações não se espalharam uniformemente para todos os países, ficando restritas aos Estados Unidos, aos países europeus e ao Japão, apesar de que as nações periféricas alcançaram níveis crescentes de prosperidade, mas de forma descontinuada, não inclusivas, caracterizadas por elevadas concentrações pessoais de renda. A exceção foram os Tigres Asiáticos e, mais recentemente, a China. Conquanto a economia brasileira tenha alcançado elevados níveis de crescimento econômico no período 1950/1980, a partir de meados dos anos 1980, a economia entrou numa fase de crescimento intermitente, alternando períodos de crescimento com desacelerações abruptas (armadilha da renda média). Nesse período, a taxa média anual de crescimento do PIB, descontado a taxa de crescimento populacional, foi de 0,9%, taxa inaceitável de crescimento, pois, a permanecer essa situação, seriam necessários 80 anos para dobrar a renda per capita. Há muitos desafios a enfrentar para que o Brasil possa crescer de forma sustentada, inclusiva e dentro dos padrões internacionais de conservação ambiental. Para tanto, precisa desatar as amarras ideológicas inerentes à anacrônica e recessiva agenda de austeridade fiscal dos anos 1990, predominante até hoje, adotada sob o pressuposto de que contração fiscal expansionista contribui para o crescimento econômico, tese inclusive rejeitada pelo FMI, anteriormente seu principal patrocinador. O Brasil não pode permanecer no estado de estagnação dos últimos 40 anos. O desenvolvimento econômico é um imperativo constitucional. Demais, planos nacionais indicativos não são incompatíveis com a disciplina fiscal. Urge, pois, a necessidade de planos nacionais de desenvolvimento econômico, obrigatórios para o setor público e indicativos para o setor privado, a fim de que o país possa crescer de forma sustentada, equilibrada, inclusiva e com responsabilidade ambiental.

ASSUNTOS E CONCEITOS PARA REVISÃO

Características do processo de desenvolvimento econômico e subdesenvolvimento. A Revolução Industrial inglesa. O processo de industrialização brasileiro. A necessidade de um plano nacional de desenvolvimento de longo prazo, obrigatório para o setor público e indicativo para o privado.

APÊNDICES
ESTATÍSTICOS

APÊNDICE:
VARIAÇÃO PERCENTUAL DO PRODUTO INTERNO BRUTO (PIB) 1947/2020

ANOS	TAXAS (%)
1947	-
1948	9,70
1949	7,70
1950	6,80
1951	4,90
1952	7,30
1953	4,70
1954	7,80
1955	8,80
1956	2,90
1957	7,70
1958	10,8
1959	9,80
1960	9,40
1961	8,60

1962	6,60
1963	0,60
1964	3,40
1965	2,40
1966	6,70
1967	4,20
1968	9,80
1969	9,50
1970	10,40
1971	11,34
1972	11,94
1973	13,97
1974	8,15
1975	5,17
1976	10,26
1977	4,93
1978	4,97
1979	6,76
1980	9,23
1981	(4,30)
1982	0,80
1983	(2,90)
1984	5,40
1985	7,80
1986	7,50
1987	3,5

APÊNDICE: VARIAÇÃO PERCENTUAL DO PRODUTO INTERNO BRUTO (PIB) 1947/2020

Ano	Variação
1988	(0,10)
1989	3,20
1990	(4,30)
1991	1,03
1992	(0,54)
1993	4,92
1994	5,85
1995	4,22
1996	2,21
1997	3,39
1998	0,34
1999	0,47
2000	4,39
2001	1,39
2002	3,05
2003	1,14
2004	5,76
2005	3,20
2006	3,96
2007	6,07
2008	5,09
2009	(0,13)
2010	7,53
2011	3,97
2012	1,92
2013	3,00

2014	0,50
2015	(3,77)
2016	(3,59)
2017	1,32
2018	1,32
2019	1,14
2020	(4,10)

(**FONTE:** FUNDAÇÃO GETÚLIO VARGAS – CENTRO DE CONTAS NACIONAIS E IBGE – DIRETORIA DE PESQUISAS)

Nota:

Todos os resumos dos apêndices estatísticos foram calculados pelos autores com base nas tabelas, cujas fontes foram indicadas.

APÊNDICE: VARIAÇÃO PERCENTUAL DO PRODUTO INTERNO BRUTO (PIB) 1947/2020

RESUMO - TAXAS ARITMÉTICAS MÉDIAS DECENAIS DE CRESCIMENTO DO PIB

DECÊNIOS	TAXAS %
1950/1960	7,35
1961/1970	6,22
1971/1980	8,67
1981/1990	1,66
1991/2000	2,59
2001/2010	2,95
2011/2020	0,17
1950/1980	7,41
1981/2020	2,23

Observação:

O IBGE estima a taxa de crescimento para o período 1980/2020 em 2,40%. Há, portanto, uma discrepância de 0,17% nos cálculos estimados pelos autores devido, possivelmente, a arredondamentos. No texto, para efeito de cálculo da taxa média percentual do PIB no período 1980/2020, considerou-se a taxa média estimada pelo IBGE de 2,40% (exclusive a taxa percentual de crescimento da população).

APÊNDICE:
INVESTIMENTO BRUTO (% DO PIB)

ANOS	TAXAS (%)
1980	21,43
1981	21,21
1982	19,39
1983	15,36
1984	14,48
1985	17,62
1986	17,55
1987	20,50
1988	20,91
1989	22,76
1990	18,54
1991	20,02
1992	19,16
1993	21,11
1994	22,72
1995	19,09
1996	17,26
1997	17,79

Ano	Valor
1998	18,21
1999	17,44
2000	19,00
2001	18,93
2002	17,58
2003	16,83
2004	17,93
2005	17,20
2006	17,82
2007	19,79
2008	21,66
2009	18,78
2010	21,86
2011	21,90
2012	21,50
2013	21,78
2014	20,57
2015	17,45
2016	14,97
2017	15,01
2018	15,40
2019	15,92
2020	16,47

(**FONTE:** FUNDO MONETÁRIO INTERNACIONAL (FMI), 2021. NÃO HÁ DADOS DIVULGADOS PELO IBGE, PARA O PERÍODO CONSIDERADO, SOBRE A FORMAÇÃO BRUTA DE CAPITAL FIXO – FBC)

APÊNDICE: INVESTIMENTO BRUTO (% DO PIB)

RESUMO - TAXAS DE INVESTIMENTO BRUTO DECENAIS - 1980/2020

DECÊNIOS	TAXAS %
1980/1989	19,12
1990/1999	19,13
2000/2009	18,55
2010/2020	18,44
1980/2020	18,81

APÊNDICE:
POUPANÇA NACIONAL BRUTA (% DO PIB)

ANOS	TAXAS (%)
1980	18,35
1981	18,97
1982	15,63
1983	13,55
1984	14,43
1985	18,39
1986	17,36
1987	22,29
1988	24,54
1989	25,53
1990	19,77
1991	19,85
1992	20,95
1993	21,16
1994	21,83
1995	16,72
1996	14,45
1997	14,30

1998	14,29
1999	13,33
2000	15,22
2001	14,70
2002	15,99
2003	17,50
2004	19,63
2005	18,72
2006	19,00
2007	19,82
2008	19,85
2009	17,20
2010	18,28
2011	18,98
2012	18,10
2013	18,55
2014	16,44
2015	14,43
2016	13,64
2017	14,66
2018	14,63
2019	14,22
2020	14,86

(**FONTE:** FUNDO MONETÁRIO INTERNACIONAL - FMI, 2021)

RESUMO - TAXAS DE POUPANÇA DECENAIS 1980/2020

DECÊNIOS	TAXAS %
1980/1989	18,90
1990/1999	17,64
2000/2009	17,76
2010/2020	16,07
1980/2020	17,59

ANEXO:
POPULAÇÃO

ANOS	MILHÕES
1980	120.694.012
1981	123.570.327
1982	126.500.000
1983	129.400.000
1984	132.400.000
1985	135.300.000
1986	138.100.000
1987	140.900.000
1988	143.600.000
1989	146.300.000
1990	151.600.000
1991	154.300.000
1992	156.800.000
1993	153.986.000
1994	159.400.000
1995	162.000.000
1996	164.600.000
1997	167.200.000

1998	169.800.000
1999	172.300.000
2000	174.800.000
2001	177.200.000
2002	179.500.000
2003	181.800.000
2004	184.000.000
2005	186.100.000
2006	188.161.363
2007	190.100.000
2008	192.000.000
2009	193.900.000
2010	195.700.000
2011	197.500.000
2012	199.300.000
2013	201.000.000
2014	202.800.000
2015	204.500.000
2016	206.200.000
2017	207.800.000
2018	209.500.000
2019	211.000.000
2020	212.600.000

(**FONTE:** FUNDO IBGE, 2021)

ANEXO: POPULAÇÃO

RESUMO - TAXAS DECENAIS DE CRESCIMENTO DA POPULAÇÃO

TAXAS GEOMÉTRICAS DECENAIS	
DECÊNIOS	**TAXAS %**
1950/1960	2,98*
1960/1970	2,89*
1970/1980	2,48*
1980/1991	1,93*
1991/2000	1,64*
2000/2010	1,15
2010/2020	0,80
1980/2020	1,43
2020	0,74**

(*) ESTIMATIVAS CONSTANTES DO CENSO DEMOGRÁFICO 1950/200) – IBGE. (**) ESTIMATIVA DO IBGE, AGOSTO/2021. AS DEMAIS ESTIMATIVAS, 2000/2010, 2010/2020 E 1980/2020, FORAM FEITAS PELOS AUTORES.

ANEXO:
TAXAS ANUAIS DE INFLAÇÃO - IPCA
VARIAÇÃO PERCENTUAL

ANOS	TAXAS (%)
1982	104,80
1983	164,0
1984	215,0
1985	242,25
1986	79,66
1987	363,41
1988	980,22
1989	1.972,91
1990	1.620,97
1991	472,69
1992	1.119,09
1993	2.477,15
1994	916,43
1995	22,41
1996	9,56
1997	5,22

1998	1,66
1999	8,94
2000	5,07
2001	7,67
2002	12,53
2003	9,30
2004	7,60
2005	5,69
2006	3,14
2007	4,46
2008	5,90
2009	4,31
2010	5,91
2011	6,50
2012	5,84
2013	5,91
2014	6,41
2015	10,67
2016	6,29
2017	2,95
2018	3,75
2019	4,31
2020	4,52

(**FONTE:** IBGE, 2021)

BIBLIOGRAFIA
CONSULTADA

AGHION, Philippe; ROULET, Alexandra. *Repensar o estado para uma social-democracia da inovação*. Lisboa: Temas e Debates - Círculo Eleitores, 2012.

BARROSO, Nilo A. *Esboços de macroeconomia*: um enfoque histórico-analítico. Lisboa: Chiado, 2016.

BERNANKE, Ben S. et al. *Apagando o incêndio*: a crise financeira e suas lições. São Paulo: Todavia, 2019.

BIELSCHOWSKY, Ricardo. *O ciclo ideológico do desenvolvimento brasileiro 1930-1964*. 4. ed. São Paulo: Contraponto, 2000.

DWECK, Ester et al. *Economia pós-pandemia*: desmontando os mitos da austeridade fiscal e construindo um novo paradigma econômico. São Paulo: Autonomia Literária, 2020.

FURTADO, Celso. *Desenvolvimento e subdesenvolvimento*. 3. ed. Rio de Janeiro: Fundo de Cultura, 1965.

FURTADO, Celso. *Brasil*: a construção interrompida. 2. ed. Rio de Janeiro: Paz e Terra, 1992.

FURTADO, Celso. *Um projeto para o Brasil*. 4. ed. Rio de Janeiro: Saga, 1968.

FURTADO, Celso. *Em busca de um novo modelo:* reflexões sobre a crise contemporânea. Rio de Janeiro: Paz e Terra, 2002.

GREENSPAPAN, Alan; WOOLDRIDGE, Adrian. *Capitalismo na América:* uma história. Rio de Janeiro: Record, 2020.

GOMES, Ciro. *Projeto nacional:* o dever da esperança. São Paulo: Casa dos Mundos Produção Editorial e Games, 2020.

GREMAUD, Amaury P. et al. *Economia brasileira contemporânea.* 8. ed. São Paulo: Atlas, 2018.

LANCASTER, Kelvin. *A economia moderna:* teoria e aplicações. Rio de Janeiro: Zahar Editores, 1973.

PINTO, Anibal et al. *Curso de economia:* elementos de teoria econômica. 11. ed. Rio de Janeiro: Unilivros, 1991.

RAJAN, Raghuram G. *Linhas de falha:* como rachaduras ocultas ainda ameaçam a economia mundial. São Paulo: Bei, 2011.

RESENDE, André L. *Juros, moeda e ortodoxia:* teorias monetárias e controvérsias políticas. São Paulo: Penguin, 2017.

ROUBINI, Muriel; MIHM, Stephen. *A economia das crises:* um curso relâmpago sobre o futuro do sistema financeiro internacional. Rio de Janeiro: Intrínseca, 2010.

RUSELL, Sobel S.; CLEMENS, Jason. *O essencial de Joseph Schumpeter:* a economia do empreendedorismo e a destruição criativa. São Paulo: Faro Editorial, 2021.

SAMUELSON, Paul A.; NORDHAUS, William. D. *Economia.* 14. ed. São Paulo: McGraw-Hill, 1993.

SCHUH, Edward. *Apostilas de teoria econômica*. Viçosa: Instituto de Economia Rural, UREMG/Universidade Federal de Viçosa, [s/d].

SUNKEL, Oswaldo. *O marco histórico do processo subdesenvolvimento / desenvolvimento*. Rio de Janeiro: Unilivros, 1980.

VELOSO, Fernando *et al*. *Desenvolvimento econômico:* uma perspectiva brasileira. Rio de Janeiro: Elsevier, 2013.

ÍNDICE

A

ações, 20–30
Acordo de Basileia, 99–112
ADCT, 53–68
agentes, 9
Agregados Macroeconômicos, 31–48
agricultáveis, 7
agricultura, 7
alíquotas, 116–140
Ambiente Macroeconômico, 24–30
ancoragem, 118–140
anticíclicas, 3
Apêndices Estatísticos, 141–170

Atores Econômicos, 24–30
austeridade fiscal, 164–170
Auxílio Brasil, 124–140

B

BACEN, 51–68
Bancos, 69–88
barreiras, 121–140
Base Monetária, 113–140
bem-estar, 1, 29–30
biomas, 7
BM, 72–88
BNDES, 79–88
bolhas, 91–112
Bolhas de Mercado, 89–112
Bolsa-Família, 124–140

bovino, 8

C

câmbio, 125–140

capacidade, 6

CBS, 59–68

CDB, 79–88

CEF, 86–88

CEPAL, 106–112, 159–170

CGU, 51–68

cíclicos, 10

ciclo do café, 157–170

ciclos, 3

CMN, 78–88, 80–88

COFINS, 56–68

competitividade, 121–140

comunismo, 28–30

concorrência, 3

concorrencial, 13, 19–30

Constituição Federal, 50–68

consumidor, 10

Contabilidade Nacional, 31–48

Contabilidade Social, 31–48

contracionista, 130–140

convergência, 17–30

COP 26, 150–170

COPOM, 80–88

CPMF, 56–68

CRA, 77–88

CRI, 77–88

Crise Mundial de 2008, 89–112

Crises Brasileiras, 89–112

Crises Econômicas, 89–112

CSLL, 58–68

CTN, 53–68

cumulatividade, 55–68

custo-benefício, 4

CVM, 80–88

D

debêntures, 20–30, 82–88

décadas, 8

Decreto, 61–68

Decreto-Lei, 61–68

déficit, 39–48

déficits, 121–140

degradação, 7
demanda, 14
demandante, 23–30
Depressão, 89–112
desemprego, 127–140
Desemprego, 113–140
Desenvolvimento, 141–170
Desenvolvimento Econômico Mundial, 141–170
destruição, 18–30
Destruição Criativa, 24–30
destrutiva, 29–30
devedores, 20–30
direito, 27–30
discricionariedade, 4
disfunções, 68
dividendos, 32–48
divisas, 20–30
duplicatas, 20–30

E

econométricos, 2
economia, 2
Economia, 1–12

elisão, 53–68
EMBRAPA, 7
emprego, 19–30
Equidade, 54–68
equipamentos, 7
escambo, 70–88
escassez, 1, 17–30
ESG, 149–170
estagflação, 89–112
estoque, 17–30
evasão, 53–68
expansionista, 130–140
exportador, 8

F

fascismo, 28–30
fatores, 19–30
Fatores de Produção, 24–30
FBCF, 36–48
FCO, 65–68
FED, 93–112
FGV, 42–48
Finanças Públicas, 49–68
flutuante, 126–140

fluxo, 25–30
FNE, 65–68
FNO, 65–68
força de trabalho, 153–170

G

gado, 8
Grande Depressão, 158–170
grãos, 8
graus, 27–30
Guerra Fria, 50–68

H

hiatos inflacionários, 10

I

IBGE, 42–48
IBS, 58–68
ICMS, 52–68
IDH, 31–48, 44–48, 45–48
IE, 52–68
IFI, 124–140
IGP, 42–48
II, 52–68

importação, 16–30
impositivo, 124–140
INCC, 42–48
incrementos, 7
indenizações, 127–140
Índice de Gini, 31–48
inflação, 3, 102–112
Inflação, 89–112
INPC, 42–48
instalações, 7
Instituições Financeiras, 69–88
Instrumentos de Política Econômica, 113–140
intangível, 16–30
investidores, 20–30
IOF, 52–68
IPA, 42–48
IPC, 42–48
IPCA, 42–48
IPI, 52–68
IPT, 54–68
IPTU, 52–68
IPVA, 52–68

IRPF/IRPJ, 52–68
IS, 58–68
ISS, 53–68
ITBI, 53–68
ITCMD, 52–68
IVA, 58–68

J

Judiciário, 64–68
Juros, 69–88

L

LCA, 77–88
LCI, 77–88
LDO, 62–68
Legislativo, 64–68
Lehman Brothers, 92–112
Lei 4.502, 50–68
Lei 10.406, 15
Lei 12.529, 13
Lei da Escassez, 1–12
Lei de Responsabilidade Fiscal, 50–68
liquidez, 116–140

LOA, 62–68
LRF, 61–68, 122–140
lucros, 3

M

Macroeconomia, 3
macroeconômico, 13
marginais, 11
Marshall, 49–68
maximização, 2
maximizar, 3
Meios de Pagamentos, 69–88
mercado, 4
Mercados, 24–30
Metas para Inflação, 113–140
Microeconomia, 3
microempresas, 132–140
milho, 8
Ministério Público, 64–68
Moedas, 69–88
monopólios, 3, 23–30
monopolista, 23–30

N

nazismo, 28–30
nômades, 7

O

oferta, 22–30
ofertante, 23–30
oligopólios, 3, 23–30
Orçamento Público, 49–68
Os desafios para as próximas décadas, 141–170
overnight, 115–140

P

países, 26–30
paridade, 21–30, 70–88
Paridade do Poder de Compra, 31–48
pastoreio, 7
PCC, 44–48
PEC, 57–68
pedaladas, 122–140
PIB, 32–48
PIS, 56–68
PIX, 71–88
Plano Bresser, 111–112
Plano Collor I, 111–112
Plano Collor II, 111–112
Plano Cruzado, 111–112
Plano Real, 106–112
Plano Verão, 111–112
PMPP, 72–88
PNB, 42–48
PNL, 43–48
Políticas Anticíclicas, 113–140
Políticas de Combate à Inflação, 89–112
Possibilidades de Produção, 1–12
potências, 8
poupadores, 20–30
PPA, 62–68
PREVIC, 80–88, 81–88
Proálcool, 159–170
Problema Econômico, 1
Produtividade, 1–12
produtivos, 4
Produto Interno Bruto, 14

produzir, 4
progressividade, 54–68
Progresso Econômico, 141–170
proteína, 8

Q

QE, 94–112
queijos, 5

R

recessão, 3
Recessão, 89–112, 90–112
redescontos, 117–140
Reforma Tributária, 49–68
Renda Nacional, 31–48
Renda per capita, 31–48
Resolução, 61–68
Revolução Industrial Inglesa, 141–170
risco, 15
rolagem, 133–140
rotativos, 20–30
royalties, 39–48

S

safra, 8
SCHUMPETER, 18–30
Securitização, 94–112
seguro-desemprego, 128–140
SELIC, 72–88
Selic Over, 115–140
setor, 8
setor externo, 1
setor público, 1
SFN, 80–88
sindicatos, 15
Sistema Tributário Nacional, 49–68
sócio, 14
STN, 51–68, 83–88
Subdesenvolvimento, 141–170
subprimes, 92–112
subsídios, 119–140
SUMOC, 75–88
superávit, 39–48
Superávits, 121–140
SUS, 123–140
SUSEP, 80–88, 81–88

T

Taxa Selic, 69–88

TBF, 78–88

TCU, 51–68

Tesouro Nacional, 51–68

Teto de Gastos, 113–140

Tigres Asiáticos, 167–170

títulos, 20–30

TJLP, 86–88

TLP, 78–88

TQM, 116–140

TR, 78–88

U

unidades, 6

URV, 108–112

V

vinhos, 5

Projetos corporativos e edições personalizadas
dentro da sua estratégia de negócio. Já pensou nisso?

Coordenação de Eventos
Viviane Paiva
viviane@altabooks.com.br

Assistente Comercial
Fillipe Amorim
vendas.corporativas@altabooks.com.br

A Alta Books tem criado experiências incríveis no meio corporativo. Com a crescente implementação da educação corporativa nas empresas, o livro entra como uma importante fonte de conhecimento. Com atendimento personalizado, conseguimos identificar as principais necessidades, e criar uma seleção de livros que podem ser utilizados de diversas maneiras, como por exemplo, para fortalecer relacionamento com suas equipes/ seus clientes. Você já utilizou o livro para alguma ação estratégica na sua empresa?

Entre em contato com nosso time para entender melhor as possibilidades de personalização e incentivo ao desenvolvimento pessoal e profissional.

PUBLIQUE SEU LIVRO

Publique seu livro com a Alta Books. Para mais informações envie um e-mail para: autoria@altabooks.com.br

/altabooks /alta-books /altabooks /altabooks

CONHEÇA OUTROS LIVROS DA ALTA BOOKS

Todas as imagens são meramente ilustrativas.

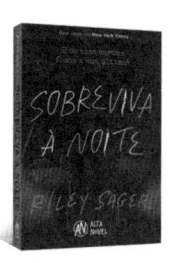